JN102269

イギリス哲学者の英語

開拓社
言語・文化選書
99

イギリス哲学者の英語

通時的研究

秋元実治 著

開拓社

妻美晴に捧げる

は し が き

　本書はイギリスの 6 人の哲学者の英語についての解説書である。ここで扱っている哲学者は英語史的に見た場合も近代英語期 (1500–Present) に属する。そのこともあって，哲学者の英語を通して近代英語の変遷を見てみようと思い立った次第である。もとより筆者は哲学者ではないので，言語そのものの分析である。しかしながら，同時に筆者は哲学者の考え方やその思想背景には興味があり，そういった流れを意識しつつ，彼らの英語の記述を試みた。

　ここで扱われている 6 人の哲学者 (Bacon, Hobbes, Locke, Hume, Mill, Russell) は，イギリスの経験論を牽引してきた代表的人物である。ほかに Berkeley (1685-1753) もいるが，Hume と時代的にも重なり合うこともあって省略した。この中で，特に Locke の論は大陸の Descartes の生得説と対比されて，言語学史においてしばしば引き合いに出されてきた哲学者である。この点においても，Locke の英語を分析することは大いに意味のあることと考えられる。なお，Locke に対しての擁護論に関しては，Aarsleff (1970) や Wierzbicka (2006) も興味深い。

　各哲学者を扱う際，冒頭に 'key sentence' を挙げておいたが，これは筆者が重要であると考えた箇所を挙げたもので，必ずしも，その哲学者の主張の中心部分ではないかもしれないが，本書を読むうえで，参考になれば幸いである。

　コロナ禍の中，皮肉にも哲学書をじっくり読む時間ができ，そ

のことが本書の出版に繋がったと言える。禍を転じてというわけではないが，これを機会にさらに別の分野の英語にも目を向けたいと考えている。

　なお，訳について一言述べれば，哲学用語，例えば，notion（思念），reason（理性），understanding（知性）などは，本書は哲学書ではないので，必ずしもそれらの訳語に従っていない。また，すでに出版されている訳書なども参考に原文に沿った訳を心がけた。

　本書の出版にあたって，いつもながら開拓社の川田賢氏には大変お世話になった。氏に心から感謝申し上げます。

　　2023 年 2 月 28 日

　　　　　　　　　　　　　　　　　　　　　　　秋元　実治

目　　次

第 7 章　哲学者の英語（5）
　　　　——John Stuart Mill（1806–1873）··· 97

第8章 哲学者の英語（6）
—Bertrand Russell (1872–1970)

第1章 **概 説**
　　　──哲学者を中心に

　まず，俯瞰的にイギリス史の中での主な関連事項を見てみよう。

1066年　ノルマン征服
1215年　マグナカルタ制定
1339年　英仏百年戦争開始
1455年　バラ戦争
1492年　コロンブスがアメリカに到達
1553年　エリザベス一世即位　　　　　Francis Bacon（1561-1626）
1588年　スペインの無敵艦隊を破る　　Thomas Hobbes（1588-1679）
1600年　イギリスが東インド会社設立
1640年　清教徒革命　　　　　　　　　John Locke（1632-1704）
1660年　The Royal Society の設立
1687年　ニュートンが万有引力の法則を発見
1688年　名誉革命
1694年　イングランド銀行設立
　　　　　　　　　　　　　　　　　　David Hume（1711-1776）
1762年　産業革命
1776年　アメリカ独立宣言

1789 年　フランス革命
1840~42 年　アヘン戦争　　　　　　　　John Stuart Mill (1806-1873)
1853~56 年　クリミア戦争
1859 年　「種の起源」ダーウィン
1861-65 年　アメリカ南北戦争
1901 年　ビクトリア女王没す（81 歳）　　Bertrand Russell (1872-1970)
1914~18 年　第一次世界大戦
1939~45 年　第二次世界大戦

　世界史的には，1453 年トルコ軍による東ローマ帝国（コンスタンティノープル）陥落が中世と近世とを分けるひとつの分岐点であろう。ギリシャ学者が西に移動し，結果的にはそのことがイタリアルネッサンスにおいて提唱されている human 的文芸復興を促した。

　イギリスにおいては，エリザベス一世は文化面で，イギリスルネッサンスの花を咲かせた。その時期，いわゆる「文芸復興」の時期であるが，Shakespeare (1564-1616) をはじめ，多くの才人が活躍した。Bacon もその一人である。

　17 世紀から 19 世紀はスコラ哲学的アリストテレス主義世界観であり，それが長い間支配的であったが，近代科学の発達，たとえば，近代自然科学の祖と称されるガリレオ（Galileo, 1564-1642）の発見などであるが，により上記のような考え方が薄れてきた。この間自由主義の台頭があった。

　イギリスの初期の自由主義は宗教的寛容を擁護していた。そして商業・産業を重視し，中産階級の台頭を助長した。その結果，財産権などが重視されるようになった。王の権利は拒否され，あらゆる公共体が権利を持つ方向に進んだ。このように初期の自由

主義は財産権を見ながら民主主義の方向に進んだ。この時期明確ではないが，すべての人は生まれながら平等であるという信念が生まれ始めた。また，その後，商業や科学の発展の結果東インド会社（East India Company, 1600）や，イングランド銀行が生まれた（1694）。さらには，動力と血液の循環の発見（Harvey, 1578-1657）など，科学的機運が高まった。この頃にはスペインからの恐怖も無くなり（1588年スペインの無敵艦隊を撃破），あらゆるクラスの人々が富を増やし，正しい判断の下に未来への希望が芽生え始めた。この流れがやがて啓蒙主義へと繋がっていく。

17世紀から19世紀にかけての自由主義運動の特徴として，個人主義がある。共同体の中で個人個人を大事にする主義である。哲学の面ではデカルト（Descartes, 1596-1650）の「われ思うゆえにわれあり」が浸透して，個人の存在に対する思考の出発点になった。科学の面ではガリレオの貢献が大きく，これまでのアリストテレスや教会の権威に反して，科学的方法に個人的要素を入れるようになった。

自由主義に対して発展していった運動はルソー（Rousseau, 1712-1778）に始まり，国民主義（nationalism），さらにはローマン運動（romantic movement）へと拡がり，そこにおいては個人の知性から感情の発露に展開していった。カーライル（Carlyle, 1795-1881）やバイロン（Byron, 1788-1824）などである。

17世紀は実験的科学が勃興し，感情主義より合理主義を好む傾向が一般的に広まった。このような傾向を好む態度が簡素な解説文的スタイルを助長することになる。

Biber and Finegan（1989）は小説，エッセイ，手紙からのデー

タを基に，17 世紀から現代に至る 4 世紀間にわたるそれらの発達過程を，'Information vs. Involved Production', 'Elaborated vs. Sentence-Dependent Reference' および 'Abstract vs. Non-abstract Style' の次元に沿って考察した。その結果，これら 3 つのジャンルは，より自己関与的になり，綿密さと抽象性が少なくなり，口語的スタイルに向かっていく一般的傾向——'drift' があることを示した。その傾向を示す言語的ファクターの中には 'private verbs' (e.g. *think*, *feel*) や現在時制動詞の用法が含まれる。

　Locke および後の哲学的書物に関して，Gordon (1966: 137–138) は次のように述べている。

> … the philosophical writings of Locke before 1700 and of Berkeley and Hume after that date, all move in simple sentence-structures, and are free from the jargon and professional vocabulary that was later to overwhelm much writing of this time … the authors all write, as is their custom, in the first person … show a continuous awareness of the presence of a reader, who implicitly supplies the other half of the 'conversation'.
>
> (1700 年以前のロックの哲学的書物およびそれ以後のバークレイやヒュームのそれらは単純な文構造に動いていく，そしてこの時代の多くの書物を後に圧倒するような専門用語や語彙はなくなり，著者達は，習慣になっていくが，一人称で書き，読者の存在を常に意識するようになる。その読者は「会話」の他の半分を提供しているのである)

ここで扱う哲学者は次の通りである。

1. Francis Bacon (1561–1626)

　哲学者，神学者，法学者そして政治家でもある。ロンドンに生まれる。父は王爾保安官として仕えた Nicholas Bacon である。ケンブリッジ大学に入学し，そこで後にカンタベリー大主教になるジョン・ホイットギフトに，理性と知識の重要性を教わった。哲学の演繹的方法を退け，もっぱら経験から出発する帰納方法を説いた。

　賄賂を受け取ったなどの罪で，一時ロンドン塔に送られたが，その後失意の中で生活を送った。晩年は書物の執筆に傾注した。

　1626年鶏に雪を詰め込んで，冷凍の実験を行い，その際気管支炎をおこして死亡した。65歳。

　本書では *The Advancement of Learning*（1623）の英語について述べる。なお，この書は英語で書かれた最初の哲学書であると言われている。

2. Thomas Hobbes (1588–1679)

　Thomas Hobbes は 1588 年ウイルトシャー（Wiltshire）マームズベリー（Malmesbury）近くで生まれた。この年はスペインの無敵艦隊を敗北させた年でもある。オクスフォード大学での生活は面白くなく，その大半の人生をキャベンディシュ（Cavendish）家で家庭教師兼秘書として過ごした。1640 年に始まるイギリスの清教徒革命（ピューリタン革命）の間，1651 年までパ

リで過ごした。1679 年脳卒中（stroke）により 91 歳で死んだ。

　表題の 'Leviathan' について，テキスト（p. 7）において，… great LEVIATHAN called a COMMONWEALTH, or STATE (in Latin CIVITAS) which is but an artificial man …（偉大なるリヴァイアサンとは共同体，あるいは国家（ラテン語 CIVITAS）でそれは人工的な人間にすぎない），と述べており，さらに同テキスト（p. 477）では，ヨブ記 41 章から取ったもので，国家を巨大な有機物にたとえたとしている。

　『世界人名辞典』p. 2649 によると，次の三つに彼の主張は分けられる：

物体論：　すべての知識の起源は物体の微小部分の運動によって起こる感覚である。

人間論：　人間は快を追求して，不快を回避する自然権を有するが，意志の自由ではなく，最高の善は自己保存である。

国家論：　国家は各人の自己保存の権利を相互に尊重しつつ制限することにより，平和と生存を保障する主権，国家（Leviathan）として成分する。

　本書では，*Leviathan*（1651）の英語について述べる。

3.　John Locke (1632–1704)

　John Locke は，1688 年の名誉革命，それは最も成功した革命であるが，その支持者であり，彼の大半の業績は 1688 年以降数年間の間に出された。

An Essay concerning Human Understanding（1690）
Letter concerning Toleration（1689）

『世界人名辞典』によると，彼の著作は，神の意志と人間の理性的自律性との調和を前提に，人間の思考，政治，信仰について人間の側から思索したもの，となっている。（以下，『世界人名辞典』pp. 3320-21 を参考にした。）

Locke の父親がピューリタンで，議会側に立って戦った。クロムウエル（Cromwell）の時代，Locke は Oxford にいたが，当時の哲学はスコラ哲学であり，Locke は嫌っていた。彼はデカルトに影響された。彼は医者になり，Lord Shaftesbury の庇護を受けていたが，Shaftesbury が没落後，オランダにわたり，名誉革命まで滞在した。革命後は本国に戻り，著作に没頭した。

Locke の時代はいわゆる 'British Enlightenment' といわれる初期啓蒙主義の時代である。合理主義や経験主義が台頭し，'the truth you are told' から 'the truth you think for yourself'，'the truth you perceive through your senses' に取って代わられた時期である（Bromhead (2009: 7-13)）。この時代の流れが言語変化に反映されることになる。

Locke は経験主義のみならず，哲学的自由主義の設立者（founder）と見なされている。彼はアメリカや 18 世紀にフランスに，主として Voltaire（1694-1778）を通して影響を与えた。

前述のように，Locke は経験主義の旗頭と見なされ，プラトン，デカルトそしてスコラ学派が主張する「生来の考え方／原理」に反対した。全ての知識は経験を通して得られると主張した。演繹方法に対して多くの観察された事実から穏健な結論を引き出す

というものであった。Locke の主張は Berkeley や Hume に受け継がれた。いわゆるデカルト派（Cartesian）に対して，Locke の哲学がイギリスやフランスにおいて勝利を収めたのは，ニュートン（Newton, 1642–1727）によるところが多いとされている。

4. David Hume (1711–1776)

すべての概念は印象から生じる。経験的科学の基礎たる因果性も習慣に基づく主観的必然性にすぎず，これを客観的と見なすのはもっぱら人間の確信による。Locke の観念の経験的分析を徹底した人間性の原理によって学問を再検討しようとした。（以下，『世界人名辞典』p. 2237 を参考にした。）

エジンバラ大学で学び，早くから神の信仰に対する懐疑に目覚めた。ニュートン物理学，ロックの経験論哲学を基に，独自の懐疑主義経験論を打ち立てた。経験こそ一切の認識の基礎であるとするイギリス経験論哲学を具現化した。

なお，スコットランドにおける Hume と同時代の人物として，Adam Smith (1723–1790)，やや遅れて Sir Walter Scott (1771–1832) などがいる。

本書で使用するテキストは，*An Enquiry concerning Human Understanding*（1748）である。

5. John Stuart Mill (1806–1873)

古典派経済学の思想を体系化した。折衷主義者。James Mill の長男としてロンドンで生まれた。スコットランド出身の父と

「最大多数の最大幸福」(the greatest happiness of the greatest number) の Jeremy Bentham (1748-1832) の哲学の影響下で育った。特に Bentham から功利主義を学び，その修正に力を注いだ。1830 年，24 歳の時，Harriet Taylor と結婚した。彼の自叙伝では彼女の影響に感謝している。

Essay の中にある 'The Subjectification of Women'（女性の解放）は人類の平等の観点から女性の地位の改善を訴えたもの。

本書で使用するテキストは *On Liberty, Utilitarianism, and Other Essays* (1859-1869) である。

6. Bertrand Russell (1872-1970)

数学者，哲学者，評論家。哲学への科学的方法の導入を唱え，論理実証主義に大きな影響を与えた。政治，教育，人生などについての多数の評論もある。（以下，『岩波世界人名大辞典』p. 304 を参考にした。）

彼はウエールズ州東部にある Monmouthshire の Trellech という所で生まれた。彼の両親は父親は Viscount Amberley であり，母は第二代 Baron Stanley of Alderley である。Cambridge 大学 Trinity College に入学し，その後活動的な平和主義者として知られている。

著書に，*The Problems of Philosophy* (1912)，*History of Western Philosophy* (1945) がある。

ここで扱う *The Conquest of Happiness*（幸福の獲得）(1930) は安藤 (2021: 287) によれば，『ラッセル幸福論』の特徴は，アランのそれのように文学的・哲学的でもなく，ヒルティのそれの

ように宗教的・道徳的でもなく，人はみな周到な努力によって幸福になれる，という信念に基づいて書かれた，合理的・実用主義的（プラグマティック）な幸福論である。

第2章　近代英語とは

　近代英語（Modern English）は大体 1500 年頃から今日に至るまでの英語をさす。近代英語はさらに，1500 年頃から 1700 年頃までの初期近代英語（Early Modern English）と，1700 年以後の後期近代英語（Late Modern English）とに下位区分される。また 20 世紀以後の英語を現代英語（Present-day English）という。本書で扱う時期は初期近代英語期から現代英語の始め頃ということになる。

　初期近代英語期の主だった事項・特徴としては，1467 年に William Caxton がロンドンのウエストミンスターに印刷所を設立したことは重要である。その他の特徴としては，(1) 標準英語（ロンドン方言）の成立，(2) 1611 年出版の欽定英訳聖書（The Authorized Version）を頂点とする英訳聖書の出版，(3) 自国語に対する覚醒，などがあげられる。

　後期近代英語の特徴的風潮としては，秩序と理性を重んじ，科学的合理主義の精神が高揚した時代，その風潮の中で，自国の言

語である英語を見直した時，その不完全さを認め，その改善のた
め，権威ある辞書や文法書が出版された。規範文法，辞書編纂の
時代背景に関しては，山本 (2018: 165–170) 参照。

　言語面では，本書との関係で，特に後期近代英語の特徴とし
て，Mondorf (2011) や Aarts et al. (2012) は再帰形の減少，
-ing comp（補文）の拡大，命令的仮定法（mandative subjunc-
tive）の復活，get-passive 構文の発達，進行形の確立，迂言的
'do' の規則化，補文組織の変遷，などをあげている。

　以下，本書で扱う文法的項目を概説する。

1．挿入詞

　挿入詞について，Dehé and Kavalova (2007: 1) は次のように
述べている。

> "Parentheticals typically function as modifiers, additions
> to or comments on the current talk. They often convey
> the attitude of the speaker towards the content of the ut-
> terance, and / or the degree of speaker endorsement."
> （挿入詞は典型的には修飾語の働きをする。すなわち，今なされ
> ている会話の内容に付け加えたり，コメントすることである。ま
> た挿入詞は発話に内容に対して話者の態度，あるいは話者の是認
> の度合いといったものを伝える）

　Quirk et al. (1985: 1112–1118) の 'comment clause'（評言節）
とほぼ同義で，その特徴は，節レベルの「一人称＋現在形動詞」
の形で，意味において，話者・書き手に認識的判断を表すものと

いえよう。

　先行研究は多いが，主なものをあげると，Urmson（1966 [1952]），Biber et al.（1999: 137–138, 1067–1068），Dixon（2005: 233–238），Brinton（2008），Van Bogaert（2010），秋元（2010, 2017）など。

2.　合成述語構文

　'do', 'give', 'have', 'make', 'take' といったいわゆるそれ自体余り意味を持たない「軽動詞」と動詞から派生した名詞（多く場合，接尾辞を付けて）が結合して，述語を構成する構文である。その際，意味の力点は動詞派生目的語にあり，動詞の意味はあまり無い。後期近代英語期（1700–1900）以降に著しく発達した構文で，次のような特徴がある。

　一つは修飾構造の柔軟性（flexibility）である。副詞による修飾より形容詞による修飾のほうが，①その数が圧倒的に多いこと（形容詞，数量詞，複合形容詞，名詞などがすべて修飾語として機能する），②コロケーションの観点から，「形容詞＋名詞」のほうが，「動詞＋副詞」に比べて制約が少ないこと，たとえば，near resemblance vs. *resemble near (ly) などから，操作が容易であり，さらにその多様性も際立っている。さらに，"He had a swim and then a bath." のように等位構造が容易であること，また関係代名詞化，所有代名詞前置が可能な結果，種々の 'shades of meaning' を表すことができる。

　2 番目の特徴はこの構造において，不定冠詞 'a' が名詞に付くことが圧倒的に多いということである（Wierzbicka（1982），Aki-

moto（1989: 142-144）などを参照）。動詞構造は連続体を表してい
るのに対して，名詞構造は非連続体を表しているといえる。すな
わち，'a(n) + N' によって表される意味は一回ごとの動作の完了
を表す。例としては，'He gave a cry.' また一回ごとの動作は繰
り返しが可能である。この点は数（number）および相（aspect）
に関係する。

　3番目の特徴としては，談話内における指示性の豊かさをあげ
ることができよう。この問題は後述する。

　先行研究は多くあるが，主なものとしては，Poutsma（1926,
II, II, 394-400），Kirchner（1952），Visser（1970: 138-141），
Wierzbicka（1982），Cattell（1984），Akimoto（1989, 1999），
Dixon（2005: 459-483），Leech et al.（2009: 166-180）など。
通時的研究として，Brinton and Akimoto（1999）や Matsumoto
（2008）がある。

3.　仮定法

　Denison（1998: 160-161）は次のように述べている：

> Already from OE onwards the subjunctive was losing
> importance for two reasons. Phonologically its forms
> were being reduced even faster than indicative inflec-
> tions, and—perhaps in part as a consequence—syntacti-
> cally its functions were being lost either to the indicative
> or to the modal verbs …. A general process of loss has
> affected the subjunctive almost throughout the recorded

history of English ...

(すでに古英語以降仮定法は二つの理由で重要性を失っていった。
音韻的に仮定法の形態は直説法の屈折よりも早く減少し，多分一
部にはその結果として，統語的に仮定法の機能が直説法か法動詞
かに譲ってしまった。消失の一般的なプロセスは記録されている
英語の歴史を通してほとんどの場合仮定法に影響を与えてきた)

　ただし，後期近代英語期初期 (1700-1800)，あるいはそれ以
前において，仮定法はよく使われた。特に副詞節 (条件，譲歩な
ど) 内においてよく見られる。

　先行研究として，現代英語に関しては，Quirk et al. (1985:
155-158, 1012-1015)，Carter and McCarthy (2006: 528-535,
756-757)，千葉 (2013) がある。仮定法全般の流れを述べたも
のとしては，Harsh (1968)，James (1986)，Denison (1998:
160-164, 262-264)，Molencki (1999) などがある。命令的仮定
法に関しては，Huddleston and Pullum (2002: 993-1000) や
Övergaard (1995) がある。コーパスに基づいた研究として，
Crawford (2009)，Kjellmer (2009)，Leech et al. (2009: 51-
70) などがある。

4.　動詞＋補文

　一般的に言って，英語史において，'that-clause → to-infinitive
→ gerund' の変遷が見られるとしている (Los (2005: 179-190)，
Rohdenburg (1995, 2006)，De Smet (2013: 1-2) などを参照)。

　To-infinitive が that-clause に少しずつ取って代わられたのは，

特に仮定法の that-clause 内である (Los (2005: 188-189))。特に 1500 年以降，動詞補文構造が増え始め，18 世紀の始めの頃には動名詞補文は拡大していった (De Smet (ibid.: 2))。De Smet (ibid.: 153-158) には -ing comp の具体例が載っている。しかし pp. 183-186 で，'avoid + ing' の説明で，この動詞はかつて 'to-infinitive' を取っており，不定詞から動名詞補文に移っていった過程についての言及はない。Visser (1969: 1318-1320) では 'avoid + to-inf.' の例がある。さらに Visser (1973: 1862) は OED の初例およびそれより早い時期を示している：

avoid 1722 (1662)

しかし Bacon (1605) にはすでに以下のような例がある：

When men do ingeniously and discreetly *avoid to* be put into …   (195-6)

「動詞 + to-inf / -ing / that cl.」構造の変遷は多様であり，興味深い。本書において，このパターンの例の幾つかについて考察する。

5. 複合前置詞／動詞派生前置詞

複合前置詞は「前置詞 + 名詞句 + 前置詞」という構造である。名詞句の前後に現れる前置詞は多様である：with (with regard to)，by (by means of)，on (on account of)；of (in view of)，to (in addition to)，with (in conformity with)。

名詞句に関しては，ゼロ冠詞の名詞句が圧倒的であるが，稀に

（不）定冠詞が付く名詞句もある：with the exception of, as a result of。この構造に現れる名詞は大部分フランス語系の抽象名詞である。

　なお，このパターンで最も多いのは‘in＋NP＋of’構造である。またこのパターンは1500年以降増え始めた（Akimoto（1999）参照）。

　現代英語の記述に関しては，Quirk et al.（1985: 669-672）では前置詞の意味分類がなされ，‘concerning’，‘regarding’および‘touching’は「〜に関して」という意味を表し，動詞との親近性を持った周辺的前置詞としている。Huddleston（1984: 346-347）は‘considering’を例に，次のような‘-ing’分詞形の機能上の転換を示している。

(i)　前置詞：

Considering his age, he has made excellent progress in his study.

(ii)　分詞：

Considering the conditions in the office, she thought it wise not to apply for the job.

(iii)　接続詞：

Considering that he is rather young, his parents have advised him not to apply.

　なお，‘considering’の発達に関しては，Rissanen（2015）参照。また，複合前置詞を全般的に扱った研究として，Hoffmann（2005）がある。

　参考までに，Görlach（1991:109）は分詞から前置詞機能を発

達させた時期をあげている：

 14th.: concerning, during

 15th.: according to

 16th.: concerning, touching

 17th.: pending

 18th.: respecting, regarding

 19th.: including, excluding, owing to

6. ing

OED (-ing[1] 2) は次のように述べている。すなわち，動名詞が充分名詞に発達する以前に，動詞的性質を持っており，17 世紀には混合した形が頻繁になり，ing 形に形容詞的修飾語や副詞的修飾語が付いた構造があった。例として，Sidney Arcadia I. iv.15b, 'to fall to a sodain straitning them', ibid.I.xii.56b, 'by the well choosing of your commandements.'

Visser (1966: 1210–1217) はこの混合した構文には多くの規範文法家の論争があったとして，Lowth (1762) *A Short Introduction to English Grammar*, Burn (1766) *A Practical Grammar*, Bayly (1772) *A Plain & Complete Grammar*, Brittain (1778) *Rudiments of English Grammar*, Murray (1795) *English Grammar* 等の論を紹介している。また次のような説明もしている。

「The ~ing 名詞」と「~ing of 名詞」のパターンに関して，14 世紀ごろ始まって 19 世紀頃まで続いた。特に 15 世紀以降同じ

ような頻度で使われたが，これは多分にスタイルの問題であるという。さらに，以下のようにも述べている：

> … unless the aspect of duration has to be expressed, constructions of the type '*the loss of*', '*the improvement of*' … are nowadays preferred to the constructions of the type '*the losing of*', '*the improving of*' …

なお，名詞接尾辞（-tion, -ment など）が充分発達していなかったことも一因であるとも述べている。

7.　その他の特徴的用法

　各哲学者の独自の用法と考えられる例を示した。

　第 4 章の通時的考察では，論じられてきた文法的，構文的項目をやや大局的観点から説明を試みた。

第3章 哲学者の英語（**1**）
——Francis Bacon（**1561–1626**）

Key sentence: Concerning speech and words, the consideration of them hath produced the science of grammar. (138)（言葉と語に関して，それらを考慮することが文法学を生み出した）

Bacon の文体は，Adolph（1968: 26-44）によれば，次のような特徴を持つ。

- （i） 分詞が多く使われている。
- （ii） 語間のつながりに論理性がない。
- （iii） 冠詞・修飾語などの省略が多い。
- （iv） 形容詞・副詞の使用が少ない。
- （v） 断定的な 'is' や 'are' が使われている。

1. 挿入詞

それほど多くは使われていない。最も多いのは，'I say'，'I think'，'I suppose' などであるが，特に 'I say' が多く使われており，Bacon の特徴を示すものである。

OED (say, *v.* 12.) には次のような説明がある。

I say has various idiomatic uses.

a. Introducing a word, phrase, or statement repeated from the proceeding sentence (usually in order to place it in a new connexion). Now somewhat *rare*.

（前文から語，句，陳述を導入する（通常新たな関係にすえるため）。今やいく分まれ）

b. *collq.* Quasi-*int.* Used to call attention to what is about to be said. (In N. Amer. shortened *to say*.) Also, as a mere exclamation expressive of surprise, delight, dismay, or indignant protest. *I say, I say, I say,* (theatr.) formula used to introduce a joke, also as *attrib. phr.*

（口語。間投詞的で，これから述べようとすることに注意を喚起する（北米では to say）。また間投詞的な用法として，驚き，喜び，戸惑い，怒りの抗議を示す。劇場的ジョークを導入する際の決まり文句として，I say, I say, I say。また修飾句としても）

(1) … these things, *I say*, considered, as I could not have chosen an instance so recent and so proper … (48)

（これらの事を，考慮すると，と言うのは，かくも最近の，また適当な例を選ぶことができなかったからだろうから）

(2) … the Forms of substances, *I say,* as they are now by compounding and transplanting multiplied, are so complex … (94)

（実体の形状は混合したり，移植したりすることにより，増大

するものであるが，非常に複雑である）

(3) This, *I think*, I have gained, that I ought to be the better believed in that which I shall say pertaining to commendation … (36)

（私が思うに，次のことを言いたい。すなわち，賞賛に値することで，私が言うことに関してはもっと信じられるようになるべきであると）

(4) And lastly, no man, *I suppose*, will think that I mean fortunes are not obtained without ado … (202)

（そして最後に，想像するに，誰も富というものはすべてこのような大騒ぎなくしては得られないと私が言おうとしていると誰も思わないであろう）

(5) … in which *I hope* it is now established for ever …

(76)

（そこにおいてそれ（君主制）が永遠に確立することを願っています）

2. 合成述語構文

2.1. do

(6) … we see, I say, what notable *service and reparation* they *have done* to the Roman see. (41)

（彼らが教皇制に対して何と素晴らしい貢献と回復をしたことかが分かる）

(7)　… they *did so much mischief* in the pursuit and ascent of their greatness …　　　　　　　　　　　　　　(204)

（彼らの高い地位を求めたり，ついたりすることに余りにも多くの悪事をしたのだ）

2.2.　give

(8)　… which hath not only given impediment to the proficience of learning, but *have given* also *occasion* to the traducement thereof.　　　　　　　　　　　　　　　(36)

（学問の熟達に障害を与えたのみならず，その中傷をも引き起こしてしまった）

(9)　… at the last he *gave a glance* at his patience towards his wife.　　　　　　　　　　　　　　　　　　　(47)

（最後に彼の妻に対する忍耐強さをちょっとほのめかした）

(10)　… wherein he being resolute not to *give way*, after some silence, he began his speech …　　　　　　　　(52)

（その点で彼は断固として屈しないばかりか，しばらくの沈黙後，話し始めた）

2.3.　have

(11)　But in the mean time I *have no purpose* to give allowance to some conditions and courses base and unworthy …　　　　　　　　　　　　　　　　　　　　(21)

（しかし一方，いくつかのいやしい，不名誉な状態や行状に対して許すつもりはない）

(12) The parts of human learning *have reference* to the three parts of man's understanding … (69)

（人間の学問の 3 つの部門は人間の知力の三つの部分に関係することになる）

(13) … so that it is of necessity with them to *have recourse* to similitudes and translations to express themselves. (144)

（そこで彼らにとって自己を表現するための類似や言い換えに頼る必要がある）

2.4. make

(14) … wherein my purpose is not to *make a justification* of the errors … (22)

（そこで私の目的は誤ちを正当化することではない）

(15) … men should *make a stand* thereupon and discover what is the best way. (31)

（人々はその上に立って，一番良い方法を見つけるべきである）

(16) … the other was the first that *made way* to the overthrow of the monarchy of Persia. (9)

（もう一方ははじめてペルシャの君主制の転覆させることに道を開いたのであった）

2.5. take

(17) … the Divine Majesty *took delight* to hide His works … (40)

（神は所業を隠すことを喜んだ）

(18) 　 … he may advise and *take notice* what are the Forms, the disclosure whereof are fruitful and important to the state of man. 　 (94)

（彼は形相とは何か，それを暴くことが人間の状態にとって有益であるし，重要であるということを忠告し，気づかせるかもしれない）

(19) 　 … he can *take hold of* any superficial ornaments and shows of learning. 　 (3)

（表面だけの身の飾りや見せかけの学問を身につけることができる）

3. 仮定法

3.1. if による仮定法

(20) 　 … it were a strange thing *if that which accustometh the mind to a perpetual motion and agitation should induce slothfulness* … 　 (12)

（心を永遠の運動や不安に習慣づけるものが怠慢さを誘発しうるとしたら，奇妙なことだろう）

(21) 　 … *if a man should begin the labour of a new search*, he *were* but like to light somewhat formerly rejected … 　 (32)

（もし人が新しい探究の努力を始めるなら，多少なりともかつて拒絶されたものに光を与えることになるだろう）

3.2. 倒置による仮定法

(22) Were *I not Alexander, I would wish to be a Diogenes.*

(49)（イタリックは原文）

（もし私がアレキサンダーでなければ，私はディオゲネスにな
りたい）

(23) Surely I *would accept these offers, were I as Alexander*; saith Alexander, So *would I, were I as Parmenio.*

(51)（イタリックは原文）

（私はアレキサンダーとして，きっとこれらの提案を受け取る
だろうし，同様にパルメニオとしても受け入れるだろうとア
レキサンダーは言っている）

3.3. 副詞節内の仮定法

(24) For as water, *whether it be the dew of heaven, or the springs of the earth*, does scatter and leese itself in the ground, except it *be* collected into some receptacle … (62)

（と言うのは，水は天の露であろうが，地上の源水であろうが，
拡散して，地面に入っていく。ただし，何らかの容器に集め
られることがなければ）

(25) We see there may be many orders and foundations, which *though they be divided under several sovereignties and territories* … (67)

（多くの宗団や協会があることが分かるのである，それらはい
くつかの主権と領土の下に分割されているけれども）

3.4.　その他の仮定法

(26)　For it is *necessary to the progression of sciences that Readers be of the most able and sufficient men* … (64)

（読者が有能で，充分な能力があることが科学の進歩に必要である）

(27)　… it is *fit men be not ignorant* that moneys may be of another kind than gold and silver …　　　　　　　(138)

（人々はお金は金や銀とは別種類かも知れないということを知っておくことが適切である）

(28)　… *lest their judgments be corrupted*, and made apt to think that …　　　　　　　　　　　　　　　(174)

（彼らの判断は腐敗して … 次のように思い込まない方がいいように）

(29)　So Caesar, when he went first into Gaul, made no scruple to profess that he *had rather be first in a village, than second at Rome*.　　　　　　　(199)

（そこでシーザーはゴールに最初に入った時，彼はローマで 2 位より，村で 1 位でありたいと，躊躇せずに告白した）

4.　動詞＋補文

4.1.　doubt＋補文

ここではいくつかの補文例をあげる。

(30)　… so I *doubt that* this age of the world is somewhat upon the decent of the wheel.　　　　　　　(117)

（この現代という時代はいくぶん下り坂にあるのではないかと
疑っている）

(31) So it seemeth men *doubt les*t time is become past
children and generation ...   (31)

（時間がたって，子供が産めないのではないかと人々は疑って
いるように思われる）

(32) I *doubt not but* it will easily appear to men of judg-
ment ...   (91)

（それは判断力のある人には容易に見えるであろうことには疑
いはない）

(33) Therefore I will not *doubt to note* as a deficience, that
...   (114)

（... を欠陥であると気が付くことには疑いはない）

4.2.　その他

(34) ... when men do ingeniously and discreetly *avoid to
be* put into those things for which they are not proper
...   (196)

（人々は自分に適していないことに入れられるのを避けるため
たくみに，慎重にする時）

OED (avoid, *v.* III. †11) には "Obs. or arch. const. of sens-
es 8–10: with *subord. cl.* to avoid *that*, with *inf.* To avoid *to do*
として，1599 年や 1853 年の例が載っている。

(35) ... subjects do *forbear to gaze* or fix their eyes upon

princes …　　　　　　　　　　　　　　　　　　　　(20)

（臣下は王侯をじっと見据えることを控える）

OED には 'forbear + ing' は見当たらないようであるが，次例のようなものがある。否定の場合に 'ing' 形が多いのかもしれない。

(36)　… his features assumed a serious air, and he could not *forbear* secretly *sighing* …　　(Radcliffe (1794: 12))

（彼の顔つきは真剣な様相を呈し，ひそかにため息をつくことを我慢できなかった）

(37)　… if too weak on the other side, you may not *look to perform* and *overcome* any great task.　　　　　　(173)

（一方が弱すぎると，何か大きな仕事をなして，打ち勝つ期待を持たなくなるかもしれない）

OED (look, *v.* 3. c.) には "To expect. Const. *to* with *inf.* †Formerly also with clause, usually introduced by *that*" とある。

5.　複合前置詞／動詞派生前置詞

複合前置詞で多いのは，'in regard of' および 'in respect of' である。ほかに，'by way of'，''by reason of' などである。

動詞派生前置詞では，圧倒的に多いのは，'touching' である。'touching' に関しては，OED (touching, *prep.*)，および秋元 (2014) 参照。なお，フランス語 'touchant' の模倣という説もあ

る。さらに，'as touching' という例もある（秋元（2014：188-189）参照）。

(38) For hence it proceedeth that princes find a solitude *in regard of* able men to serve them in causes of state …
(64)

（そこで君主は国事において自分に仕える有能な人間に関して，孤独であるということになる）

(39) … but chiefly *in regard of* the knowledge concerning the sympathies and concordances between the mind and body …
(106)

（主に心と体の間の共感及び一致に関しての知識に関しては）

(40) Queen Elizabeth was a sojourner in the world *in respect of* her unmarried life …
(61)

（エリザベス女王は未婚の生活に関して，世界での逗留者である）

(41) It is taken in two senses *in respect of* words or matter …
(82)

（言葉と物事に関してそれは2つの意味に捉えられる）

(42) The works *touching* books are two …
(63)

（本に関する業務には2つある）

(43) But there is a mere and deep silence *touching* the nature and operation of those common adjuncts of things, as in nature …
(86)

（これら物事の共通の属性の本性と作用に関しては，自然界においてそうであるように，単なる，深い沈黙がある）

6.　ing

'the + Ving + 目的語' のパターンが多い。

Visser (1966, II: 1210-1217) の説明によると，'the reading the book' vs. 'the reading of the book' というパターンは1500年以降共に使われて，多分スタイルの問題であった（詳しくは秋元 (2020: 176-177) 参照）。

(44)　… besides *the deriving and deducing* the operations themselves from Metaphysique …　　　　　　(101)
（形而上学から操作それ自体を派生させたり，引き出すことに加えて）

(45)　… they reputed *the attending* the inductions whereof we speak, as if it were a second infancy or childhood.
　　　　　　　　　　　　　　　　　　　　　　　(125)
（われわれが話している帰納法に精を出すことを，まるで第二の幼児や子供の頃によるかのように考えていた）

従属節，あるいは関係詞節内に，'Ving' が使われている例も多い。

(46)　This kind of degenerate learning did chiefly reign amongst the Schoolmen: who *having* sharp and strong wits, and abundance of leisure, and small variety of reading, but their wits *being* shut up in the cells of a few authors…　　　　　　　　　　　　(26)
（この種の堕落した学問はスコラ哲学者の間で主に支配的であ

る。彼等は鋭い，強力な機知を持っており，多大な時間と多少多様な読書（量）があるが，その機知は少数の著者の殻の中に閉じ込められている）

7. その他の特徴的用法

7.1. whether ~ or（⇒後述）

大部分の用法は副詞節や動詞の目的語になる名詞節である。形式的には‘whether ~ or’のパターンであるが，‘whether ~ no’のパターンも数例見られる。

(47) … asketh *whether* they were become septuagenary, *or* whether the law *Papia*, made against old men's marriages, had restrained them.　　(31)（イタリックは原文）
（彼らが70歳になったかどうか，あるいは老人の結婚に反対して出てきたパピウスの法令が彼等の結婚を抑制したかどうか尋ねている）

(48) … so this excellent liquor of knowledge, *whether* it descend from divine inspiration, *or* spring from human sense, would soon perish and vanish to oblivion …　　(62)
（そこでこの知識という酒は，それが神の啓示から来ようが，人間の感覚から発したものであろうが，まもなく滅び，消えて忘れ去られるであろう）

(49) … others may know how we accept and understand them, and *whether* they concur with us or *no*.　　(134)

（他人はわれわれがそれらをいかに受け入れ，理解しているか，また彼等がわれわれに同意しているか否か知るかもしれない）

7.2.　at large

'at large' は現代英語では，「一般に」や「自由に」の意味が主であるが，Bacon でもこれらの意味で多く使われている。

(50)　… I find it strange that they are all dedicated to professions, and none left free to wits and sciences *at large.*　　　　　　　　　　　　　　　　　　　(63)

（それらがすべて専門知識に捧げられ，芸術や科学一般に自由に任されないことは不思議である）

(51)　The interpretations of the Scriptures are of two sorts; methodical, and solute or *at large*.　　　　　(214)

（聖書の解釈には 2 種類ある：　秩序だっているか，あるいは自由かである）

7.3.　前置詞の挿入 （⇒後述）

現代英語では他動詞であるが，この時代，前置詞が挿入されることがあり，そのほとんどが 'of' である。

(52)　… Knowledge is of those things which are to be *accepted of* with limitation and caution …　　　(4)

（知識は制限と注意を持って受け入れられるべきものである）

(53)　… we should do a like injury unto the Majesty of God, as if we should judge or *construe of* the store of some excellent jeweler …　　　　　　　　　(41)

（神の尊厳に同様な害をなすことになるが，それはまるである
優秀な宝石商の在庫を判断して，評価するようなものだ）

(54) … to inquire, I say, the true Forms of these, is that
part of metaphysique which we now *define of*.　　(95)
（これらの真の形状を探究することは，今われわれが定義して
いる形而上学の一部であるということだ）

(55) We proceed now to that knowledge which *considereth
of* the apetite and will of man.　　　　　　　(153)
（人間の食欲と意志を考える知識に今や進もう）

7.4. certain it is …

一種の倒置用法に見えるが，OED にも例がないようであり，
Bacon 流の用法のように思われる。

(56) For *certain it is* that God worketh nothing in nature
but by second causes …　　　　　　　　　(7–8)
（神は自然において第 2 原因のみ何らかのことを行うのは確か
だ）

(57) … yet nevertheless *certain it is* that middle proposi-
tions cannot be deduced from them in subject of na-
ture …　　　　　　　　　　　　　　　(125)
（それにもかかわらず，中間の提案は自然界において，それか
ら演繹できないことは確かだ）

7.5. to the end to V / that

OED (end, *sb*. 14. b.) には次のような説明がある。

14.b. In phrases, *for* or to *this* (*that, what, which*) *end*, *to no end*. Also in conjunctional phrase, *to the end* (*that*); formerly also, † *to the end to* (with *inf.*). Now somewhat archaic or rhetorical; the ordinary phrase is *in order* (*that* or *to*).

（この用法は今古風，あるいは修辞的であり，現代では 'in order to V' あるいは 'in order that ~' に取って代わられている）

(58)　… he was taken with an extreme desire to go to school again, and to learn the Greek tongue, *to the end to persue* the Greek authors …　　　(14)

（彼は再び学校に行って，ギリシャ語を学び，ギリシャ人著者を精読したくなる強い希望に駆られた）

(59)　Wherefore I will now attempt to make a general and faithful perambulation of learning, with an inquiry what parts thereof lie fresh and waste, and not improved and converted by the industry of man; *to the end that such a plot made and recorded to memory, may both minister light to any public designation, and also serve to excite voluntary endeavours* …　　　(68)

（それゆえ，学問の一般的，かつ忠実なそぞろ歩きを試みようと思う。どの部分が新鮮で，手が加えられていなくて，人間の勤勉さによって直されたり，変更されていないかなどを調査してみようと思う。そしてその目的は作られ，記憶に記録されたりしているそのようなものが，公の選任に光を与え，また自発的努力をかき立てることに力を貸すようにすることである）

7.6. lest ~ should

OED (lest, *conj.*) によると，'lest ~ should' の形ではっきり
現れるようになったのは 18 世紀（Richardson）のようで，それ
以前は 'should' の代わりに仮定法が使われていた。18 世紀以降，
'should' と '-s' なしの動詞（仮定法）が共存していた（さらに詳
しくは，秋元（2020: 171）参照）。

(60)　… there is no danger at all in the proportion or quan-
tity of knowledge, how large soever, *lest* it *should*
make it swell or out-compass itself …　　　　(56)
（知識の大きさや量がどれほど大きくても，精神を膨らませた
り，それ自身をはみ出したりするという危険性はない）

(61)　… felicity must be placed in those things which are in
our power, *lest* we *be* liable to fortune and disturbance
…　　　　　　　　　　　　　　　　　　　(158)
（幸福はわれわれの力の範囲内のものの中に置かれるべきであ
る。われわれが運や心の乱れに左右されないように）

7.7. make＋object＋to-inf

(62)　… it *maketh us to desire* to have somewhat secured
and exempted from time …　　　　　　　　(159)
（われわれは時から安全で，自由になることを望むようにさせ
る）

(63)　… whereof we *make a few posies to hold* in our
hands, but no man bringeth them to the confectionary
…　　　　　　　　　　　　　　　　　　　(170)

（それらについてわれわれはいくつかの花束を手にすることができるが，誰もそれらを薬剤師の所に持っていかない）

'make + object + to-inf' パターンに関しては，第 9 章 1.4.3 節も参照。

第 4 章　哲学者の英語（**2**）
── Thomas Hobbes（**1588-1679**）

> **Key sentence:** The final cause, end, or design of men …
> in the introduction of that restraint upon themselves … is
> the foresight of their preservation, and of a more contented
> life thereby … （111）（自分自身に対する抑制を導入することにお
> いて，人間の究極的原因，目的あるいは意図は自己保存及びそれに
> よる満足した生活の先見である）

1.　挿入詞

Hobbes においては，挿入詞は多くない。その中で，'I think'
が最も多く，次いで，'I believe' である。

(1)　*I think* you need expect no extravagant action for ar-
gument of his madness.　　　　　　　　　　　　　　(50)

（彼の狂気を議論するためのむちゃな行動を期待する必要はな
いと思います）

(2)　*I think* there be few princes that consider not this as
injust, and inconvenient.　　　　　　　　　　　　　(384)

（これを不当であったり，不都合であるとは考えない皇族はほ
とんどいないと思います）

(3)　… and *I believe* it was never generally so, over all the world …　　　　　　　　　　　　　　　　　　　　(85)

（それは世界中で決して一般的にはそうではなかったと信じま
す）

(4) … which *I believe* is more than Cardinal Bellarmine
would have inferred from his own proposition. 　(386)

（それは私が信じるのに，ベラミン枢機卿が彼自身の提案から
推測した以上のことでしょう）

(5) By Consequence, or TRAIN of thoughts, *I understand*
that succession of one thought to another …

(15) （大文字は原著）

（思考の連続，あるいは流れと言う時，私は思考が一方から他
方に移ることと理解しています）

2. 合成述語構文

　Hobbes においては，この構文は比較的多く使われている。特
に，'give occasion to'，'make use of' および 'take notice of'
などはよく使われている。

　以下に各動詞の例をあげる。

2.1. do

(6) … if they refuse to hear proof, refuse to *do justice* …

(185)

（もし彼等が証明を聞くのを拒否したり，正当なことを行うこ
とを拒否したら）

(7) Likewise in a professor of the law, to maintain any point, or *do any act*, that tendeth to the weakening of the sovereign power is a great crime … (203)

（同様に，法律の功者は王権を弱めることに資するいかなる論点も保持し，そういうどんな行為も行うことはより大きな犯罪である）

(8) … it is benefit proceeding from the grace of them that bestow it, to encourage, or enable men to *do* them *service*. (211)

（それ（贈与）を与えてくれた人々からの恩恵から出てくるものであり，人々に奉仕するよう激励したり，できるようにするためのものである）

2.2. give

(9) … the night before he *gave battle* to Augustus Caesar … (14)

（前日の夜，彼はアウグスタス・シーザーに闘いを挑んだ）

(10) But this was sufficient to direct him to add more names, as the experience and use of the creatures should *give* him *occasion* … (20)

（しかし被造物に関しての経験や利用が機会を与えてくれるので，このことは彼にさらに名辞を追加させるようにするのに十分である）

(11) … though he may be so far a good man, as to be free from *giving offence* … (48)

(怒らせることには無縁であるという点で，これまでは彼は善
良な人間かもしれない)

2.3. have

(12) … we can *have no further desire,* than to taste and
try.　　　　　　　　　　　　　　　　　　　　　(34)
(われわれは味わったり，試したりすること以上に望みを持つ
ことはできない)

(13) … the Amazons contracted with the men of the neigh-
bouring countries, to whom they *had recourse* for is-
sue …　　　　　　　　　　　　　　　　　　　(133)
(アマゾン人は子孫を残すために頼っていた近くの国の男性と
契約を結んだ)

(14) And this is all I *had a design* to say, concerning the
doctrine of the POLITICS.　　　(465)（大文字は原文）
(政治の教義に関して，これが私が意図的に言ったことだ)

2.4. make

(15) But when we *make a general assertion*, unless it be a
true one, the possibility of it is inconceivable.　　(29)
(われわれが一般的な主張をした時，それが真でないかぎり，
その可能性は考えられない)

(16) So that it is impossible to *make any profound inquiry*
into natural causes …　　　　　　　　　　　　(70)
(そこで自然な原因をどんなに深く探求しようとしても不可

能だ）

(17) … there is nothing he can *make use of,* that may not be a help into him …   (87)

（彼が利用できるもので，彼の助けにならないものは何もない）

2.5. take

(18) But here we must *take notice*, that by a name is not always understood, as in grammar …   (22)

（しかしここでわれわれが注意することは，文法においてのように，名辞によって必ずしも理解されるわけではないということである）

(19) And therefore in reasoning, a man must *take heed of* words …   (27)

（したがって，推理にあたって，人は語に注意を払わなければならない）

(20) For whatsoever men are to *take knowledge of* for law, not upon other men's words …   (180)

（他の人々の言葉に頼るのではなく，法律として，人々が知るものは何であれ）

3. 仮定法

3.1. 副詞節

(21) But that when a thing is in motion, it will eternally be in motion, unless somewhat else stay it, *though the*

reason be the same … (10-11)

（事物が運動している時，それは他に止めるものがなければ，永遠に運動しているだろう。ただし，理由は同じだろうが）

(22) *… if his observation be such as are not easy, or usual*, this wit of his is called PRUDENCE …

(47) （大文字は原著）

（もし彼の観察がそのように容易でも，普通でもないとすると，彼の機知は思慮分別と呼ばれる）

(23) *… were it not for the mutual emulation of those princes*, they might without war, or trouble, exclude all foreign authority … (81)

（これらの王族のお互いの手本がなければ，戦争もトラブルもなく，あらゆる外国の権力を除外できたであろう）

(24) *…* for he claimeth also the sole power to judge, *whether it be to the salvation of men's souls or not.*

(383)

（と言うのは，それが人の魂に救いになるかどうかを判断する唯一の権力であることを彼は主張する）

3.2. 'it is adjective that'

'it is adjective that' のパターンにもよく見られる。

(25) *… it is necessary that there be laws of honour*, and public rate of the worth of such men as have deserved …

(120)

（名誉の諸法律が必要であるし，そして賞賛に値するそのよう

な人々に対して一般的評価が必要である）

3.3. 動詞＋that 節

「動詞＋that 節」にも仮定法が見られる。

(26) To rule by words, *requires that such words be mani-festly made known …*   (236)
(言葉による支配はそのような言葉がはっきりと周知されるようにすべきである)

3.4. in case

'in case' のあとには仮定法が多い。現代英語では直説法がくる (cf. OALD 'case')。

(27) … those that observe their similitudes, *in case they be such as are but rarely observed by others*, are said to have *a good wit* …   (45)（イタリックは原文）
(それらが他の人々によってほとんど稀にしか観察されないような場合，それらの類似性を観察する人々は良い知力を持っていると言われる)

(28) … *in case such authority be not made manifest unto him upon demand*, is no longer obliged …   (107)
(そのような権威が必要に応じて明示されない場合，それはもはや義務ではない)

4.　動詞＋補文

4.1.　look＋that

(29)　For every man *looketh that his companion should val-*
ue him …　　　　　　　　　　　　　　　　　　(83)
（というのはあらゆる人は仲間が自分を評価することに注意し
て見ている）

4.2.　doubt to V

現代英語ではこのパターンはない (cf. OALD 'doubt', *verb*)。

(30)　… which venom I will not *doubt to compare* to the
biting of a mad dog.　　　　　　　　　　　　(217)
（どちらの毒であれ狂犬の嚙むことと比較することを私は疑お
うとは思いません）

4.3.　use to V

OED (use, *v.* 21.) には，"With *to* and inf.:To be accustomed
or wont *to* do something" とある。

(31)　The reason therefore why Christian kings *use* not *to*
baptize … is evident.　　　　　　　　　　　　(363)
（したがって，なぜキリスト教徒の王が洗礼に慣れていないか
は明らかだ）

5.　複合前置詞／動詞派生前置詞

Hobbes においては余り使われていない。以下はその少数の例である。

(32)　… but by the eloquence of another, or *for fear of* dis-
pleasing some that have spoken …　　　　　　　(173)
（他の人の雄弁によるか，あるいは話をした何人かを不快にさせることを恐れて）

(33)　I am *at the point of* believing this my labour, as use-
less …　　　　　　　　　　　　　　　　　　　(244)
（私はこの労力が無益であると信じようとしていたところです）

(34)　For *as touching* the commonwealth which then was
amongst the Jews …　　　　　　　　　　　　　(324)
（その当時ユダヤ人の間に存在した共同体に関して）

(35)　*Concerning* the first, there is a saying much usurped
of late, that *wisdom* is acquired, not by reading of
books, but of men …　　　　　(7)（イタリックは原著）
（最初のことに関しては，最近賢明さは本を読むことではなく，人々を読むことにより獲得されるという格言が最近大いに盗用されている）

6.　ing

いわゆる混合形がしばしば使われている。

(36)　For he is worthiest to be a commander, to be a judge,
　　　　or to have any other charge, that is best fitted, with
　　　　the qualities required to *the well discharging of* it; and
　　　　worthiest of riches, that has the qualities most requi-
　　　　site for *the well using of* them …　　　　　　　　(65)

（というのは彼は指揮官としても，裁判官としても，あるいは
どんな責務をも果たす最も適した者であり，そのような責務
を充分果たすのに必要な資質を持っている，富を持つにもふ
さわしい人とは，それを十分うまく使うのに必要な諸資質を
備えている人である）

(37)　*The carrying about of* images in *procession*, is another
　　　　relic of the religion of the Greeks and Romans.

　　　　　　　　　　　　　　　　(440)（イタリックは原著）

（行列に偶像を持ち運ぶのはギリシャ人やローマ人の宗教のも
う一つの名残である）

(38)　… *there is no swearing* by any thing which the
　　　　swearer thinks not God.　　　　　　　　　　　　(75)

（宣誓者が神と考えないものはどんなものでも宣誓しない）

7.　その他の特徴的用法

7.1.　whether ~ not（⇒後述）

　Hobbes の英語には 'whether or not' や 'whether or no' とい
うパターンは見られず，すべて 'whether ~ not' のように，
'whether' と 'not' が分離したパターンである。このパターンは
主に副詞節であるが，名詞節にも現れる。

(39)　… we do not know *whether they will hurt us, or not*.

(34)［名詞節］

（それらが害をなすかどうかは分からない）

(40)　… there is the question *whether it be against reason,* that is against the benefit of the other to perform, *or not*.　　　　　　　　　　　　　　(97)［同格節］

（そうすることが理性に反しているか，すなわち，他人の利益に反しているかどうかという問題がある）

(41)　… for he claimeth also the sole power to judge, *whether it be to the salvation of men's souls, or not*.

(383)［副詞節］

（と言うのは，それが人の魂に救いになるかどうかを判断する唯一の権力であることを彼は主張する）

7.2.　at large

OED (large, *a*., *adv*., and *sb*. B. *adv*., II. 5.) には意味を a. から m. まで分けているが，その内，c. 'Of speech or writing: At length, in full, fully' の意味で使われている。

(42)　The state of salvation is described *at large*, *Isaiah* 33. 20, 21, 22, 23, 24.　　　　　　　　　　　　　　(306)

（救済の状態はイザヤ 33.20, 21, 22, 23, 24 に詳しく述べられている）

(43)　… as I have more *at large* proved before in the 35th chapter.　　　　　　　　　　　　　　　　(404-5)

（前に第 35 章ですでに詳しく証明したように）

7.3.　lest ~ should

(44)　They made their hearts hard as adamant, *lest* they
　　　 should hear the law …　　　　　　　　　　　　　(284)
　　　 (彼らは法律を聞かないでいいように心臓を堅固無比にした)

(45)　… he was thrust out of paradise after he had sinned,
　　　 lest he *should* eat thereof …　　　　　　　　　　(410)
　　　 (彼が食べないように彼は天国から罪を犯した後追放された)

7.4.　It is manifest, that ~

Hobbes には非常に多く, 50 例以上あるが, OED にも Van
Linden (2012: 79) にも例はない。Hobbes 特有の使い方である。
その特徴は

　　① ほとんど that 節を取る。
　　② that 節の中は直説法が使われている。

(46)　… *it is manifest, that* whosoever behaved himself in
　　　 extraordinary manner, was thought by the Jews to be
　　　 possessed either with a good, or evil spirit …　　(52)
　　　 (異常に振る舞う人は誰でもユダヤ人には良い霊か悪い霊に取
　　　 り憑かれていると考えられていたことは明らかだ)

(47)　Hereby *it is manifest, that* during the time men live
　　　 without a common power to keep them all in awe,
　　　 they are in that condition which is called war …　(84)
　　　 (それゆえ, その間人々が皆を畏怖させる共通の力を持たない
　　　 で生きており, 戦争と呼ばれる状態にある彼等がいることは

明らかだ)

(48) *That* he which is made sovereign maketh no covenant with his subjects beforehand, *is manifest* … (116)

(君主になる者は前もって臣下と契約を結んでいないことは明らかだ)

7.5. to the end that / to V

前章 7.5 節参照。

(49) … in the same manner, as if they were his own *to the end, to live* peaceably amongst themselves, and be protected against other men. (115)

(同じように，仲間の間で平和に生活し，他の人から守られるように丁度それが彼等自身のものであるように)

(50) A PUNISHMENT … on him that hath done, or omitted … that which is judged by the same authority to be a transgression of the law; *to the end that* the will of men may thereby the better be disposed to obedience. (205)（大文字，イタリックは原文)

(罰とは同権威によって法を犯していると判断されたる行為を行ったり，回避したりした者に対して，それにより人々の意志が従順さに向かうようにという目的で許されるのである)

(51) … when the Books of Scripture were gathered into one body of the law; *to the end, that* not the doctrine only, but the authors also might be extant. (256)

(聖書が一体の法律にまとめられた時，教義だけでなく，著者

もまた残存しているという目的で)

7.6.　**in order to**

OED (order, *sb.* 28. b.) には次のような説明がある。

(a) With a view to the bringing about of (something), for the purpose of (some perspective end)

(b) With *infinitive* object

Hobbes ではほとんどが 'in order to NP' である (Rissanen (1999: 304–305) 参照)。

(52) And seeing every man is presumed to do all things *in order to* his own benefit, no man is a fit arbitrator in his own cause …　　　　　　　　　　　　　　　　(104)

(誰もが自分の利益のためにすべてのことをなすと思われるのを見ると，誰も自分自身の大義のため適した仲介者ではない)

(53) For the actions of men, proceed from their opinions; and in the well-governing of opinions, consisteth the well-governing of men's actions, *in order to* their peace, and concord.　　　　　　　　　　　　　　(118)

(なぜなら人々の行為は彼等の意見から生じ，平和と友好のため意見をよく統治することに人々の行為のよき統治がある)

(54) … the commonwealth … is understood to do nothing but *in order to* the common peace and security …

　　　　　　　　　　　　　　　　　　　　　　　　(165)

(共同体一般の平和と安全のため以外は何もしていないと理解

された）

7.7. **it comes to pass**

OED（*pass*, *sb*. II. 6. a. b. c.）"quasi-*impers*., with *it* and subord. clause. To come to be fact …"（事が起こる）。'pass' は名詞だが，動詞にも解釈できる。

(55)   … *it comes to pass* in time, that in the imaging of any thing, there is no certainty what we shall imagine next …   (16)

（物事を想像することにおいて，次は何を想像するか確かでないということがその内生じることになる）

(56)   And thus *it comes to pass* that excessive desire of revenge … hurteth the organ …   (49)

（復讐の過度の望みは機関を傷つけることになる）

(57)   … what immediate causes they used, in *bringing* things *to pass*, men that know not what it is … have no other rule to guess by …   (73)

（物事を生じせしめるのに彼等が使用した直接の原因は何であるか，何であるか知らない人々は推測するための規則を持たない）

第5章　哲学者の英語 (**3**)
── **John Locke (1632–1704)** *

Key sentence: Whence has it all the materials of reason and knowledge? To this answer, in one word, from experience: in that, all knowledge is founded; and from that it ultimately derives itself. (109) (どこからそれ（心）は理性と知識の全ての材料を持つのか。これに対して答えよう：一言で言えば，経験である：すべての知識はそこに基礎づけられ，そこから究極的には由来するのだ)

1.　挿入詞

Wierzbicka（2006: 207）は次のように述べている。少し長いが，該当箇所を引用する。

> It seems that epistemic phrases of the kind discussed here started to be used in English on a large scale in the first half of the eighteenth century, that is, some time after the publication of Locke's *Essay Concerning Human Understanding.* My hypothesis is that the dramatic increase in their use was due to some extent to the influence of Locke's work. I do not mean to imply that these

---

phrases all sprang into being within a short time after the publication of Locke's *Essay*.   Although the matter requires a detailed historical investigation, it seems more likely that the impact of the *Essay* started a trend and led to the emergence of certain "cultural scripts", which in turn led, over the next two or three centuries, to the cultural elaboration of this area of English lexicon and grammar.   I do, however, want to suggest that the publication, and the impact, of Locke's *Essay* constituted an important turning point.

（ここで議論されている種類の認識的句は 18 世紀前半，すなわち Locke の *Essay Concerning Human Understanding* の出版後の ある時から大規模に英語では使われ始めたように思われる。私の 仮定はこれの句の使い方が劇的に増加したのはある程度 Locke の *Essay* の作品の影響によるというものである。これらの句が Locke の *Essay* の出版後すぐさま生じたということを含意する つもりはない。この件は詳細な史的調査を必要とするが，*Essay* の衝撃が傾向を生み，ある「文化的シナリオ」の出現に到ったと いうことはさらにありそうである。このことは今度は次の 2，3 世紀にかけて英語の語彙，文法の領域の文化的精錬さを導いた。 しかしながら，私としては，Locke の *Essay* の出版およびその 衝撃は転換点を作り上げたということを示唆したいのである）

　本節は Locke の *An Essay Concerning Human Understanding* (1690) において，'epistemic phrase' がどのように使われて いるのかを分析し，上述の言説がどの程度信憑性があるのかを同

時に検証することにある。

　なお，'epistemic phrase' に関して，Wierzbicka (2006: 204) は次のように説明している：'phrases clarifying the speaker's stance in relation to what is being said'（言われていることに対して話者の態度を明確にする句）。

1.1.　先行研究

　Wierzbicka の 'epistemic phrase' と関連して，哲学者の立場から，Urmson (1966 [1952]: 192-212) は次のように述べている。

　　　'parenthetical verb' と呼ばれるものは，次のような特徴を持つとしている：①命題内容には立ち入らない，②一人称＋現在形動詞が使われる，③ 'that' ＋直説法の形を取る，④文頭，文中及び文末などに現れる。

　現代文法の立場から，Quirk et al. (1985) 'comment clause' と呼び，大体同義である。

　Quirk et al. (1985: 1112) は 'comment clause' に関して，"Comment clauses are either content disjuncts that express the speaker's comments on the content of the matrix clause, or style disjuncts that convey the speakers' views in the way they are speaking." と述べて，大別して，次の三つに分けられる：

　　a.　'Hedge'：主節内容の真偽についての話者の遠慮を示す。主語は一人，動詞は現在形であることが特徴である。例：I believe, I think など。

   b. 話者の確信を表す。例：I know，I see など。

   c. 話者の感情的態度を表す。例：I hope，I fear など。

本節で扱うものは（a）が中心であるが，一部（b）や（c）も含まれる。

  Locke と同時代（17 世紀）の統語論を扱ったものとして，Söderlind（1958）があり，また 16 世紀，17 世紀の comment clause を扱った福元（2010）や，Archer Corpus を使って，17 世紀から 20 世紀にかけての comment clause を分析した山本（2010）がある。

  Brinton（2008, 2017）は comment clause を包括的に扱ったものであるが，ここで扱う句を特に取り上げて論じていない。ただし，Brinton（2017: 137-138）は Wierzbicka（2006）を取り上げて，いくつかの批判的論評を紹介している。なお，Brinton（2017）は 'epistemic parentheticals' という用語も 'pragmatic marker' や 'discourse marker' と共にそこでは使っている。

  Bromhead（2009）は 16 世紀，17 世紀の英語の認識的表現（動詞及び副詞）を扱っている。その中で本論文と関係するものとして，'I think' と 'I suppose' があり，また古い表現として使われる 'I wot'，'I ween'，'I trow' なども論じている。全体として，Wierzbicka（2006）を踏襲した形で述べられている。John Locke についても言及もしばしばみられる（pp. 10-12 ほか）。その一方，彼女のデータには哲学書は含まれていない（2009: 23）。

  宗宮（2018）は Wierzbicka（2006）の Locke に関わる見解を支持しつつ，Locke の *An Essay Concerning Human Understanding* の中から 観念，言語，知識などの部分について論じて

いる。そして現代英語に見られる on や over などの空間前置詞の発達の背景には Locke の影響が見られるとしている。ただし，'epistemic phrase' には言及していない。

1.2.　Locke の 'epistemic phrase' の機能の特徴

Locke は *An Essay Concerning Human Understanding*（Book III: Of Words）において，Locke 自身が言葉について論じており，それ自体興味深い論考であるが，ここでは論じない。

Adolph（1968: 228-235）は *An Essay Concerning Human Understanding* に見られる言葉の問題について論じているが，'epistemic phrase' についての言及はない。

Wierzbicka（2006: 208-246）は次のような 'epistemic phrases' を取り上げている：I think, I suppose, I guess, I gather, I presume, I believe, I find, I expect, I take it, I understand, I imagine, I bet, I suspect そして I assume である。そのアプローチは Natural Semantic Metalanguage（NSM）で，いわば，普遍的な意味元素（semantic primitives）の追究である。約 60 の普遍的概念プライム（prime）があるとされ，その概念プライムを限られた語彙でパラフレーズしようとするものである（さらに詳しくは，Wierzbicka（2006: 16-19）を参照）。

まず，Locke において 'epistemic phrase' がどのくらい使われ，どの位置に多く現れるのかを示す。次いで，その特徴のいくつかについて論じる。

なお，表 1 'as epistemic phrase' を入れたのは，この共起がしばしば見られ，意味的に相違をもたらすからである。Quirk et al.（1985: 1115）は次のような例をあげている：I'm working the night shift, as you know.

　実際，同書であげられている例の多くは，二人称主語や非人称主語（as it happens）であるが，一人称主語にも多く現れる。as挿入詞に関しては，Potts（2002）や Brinton（2008: 136–137）などを参照。

表 1：Locke に見られる 'epistemic phrase' の頻度と生起位置
　　（かっこ内は頻度）

	文頭		文中	文末	as ~
	that	Ø			
1.　I think（246）	5	124	107	0	10
2.　I suppose（46）	0	17	27	0	2
3.　I doubt（not）（20）	1	16	3	0	0
3.　I imagine（20）	1	8	8	0	3
4.　I confess（15）	1	7	6	1	0
5.　I believe（14）	0	12	2	0	0
6.　I grant（10）	5	5	0	0	0
7.　I fear（9）	0	2	7	0	0
8.　I presume（7）	0	3	4	0	0
9.　I hope（6）	0	3	2	0	1
10.　I guess（5）	0	2	1	0	2
10.　I suspect（5）	1	0	2	0	2
11.　I find（2）	0	2	0	0	0
11.　I know（2）	1	1	0	0	0
12.　I understand（1）	0	0	0	0	1

　以下に例をあげる。コンマやセミコロンの使用が多く見られるが，テキスト通りに示した。なお，17 世紀初期の句読法（punctuation）に関しては，Salmon（1998 [1962]）が参考になる。

(1) a.　… and *I think* it will be hard to instance any one moral rule…　(74)

(どんな道徳的規則も例証するのはむずかしいでしょう)

　　b.　… yet, *I think, that* anyone who considers them, will not find …　(526)

(それらを考慮する人は誰でも見つけることはできないと思う)

　　c.　… but have yet never heard, nor thought of those propositions; which *I think*, is at least one half of mankind.　(71)

(これらの命題について聞いたことも考えたこともないが, そのことは思うに, 人類の半分はそうだ)

　　d.　To divide and separate actually, is, *as I think*, by removing the parts one from another …　(166)

(現実は分割したり, 分離することは, 私が思うに, 一方から他方に部分を動かすことによりなされるのである)

(2) a.　For, *I suppose*, everyone's idea of identity will not be the same …　(92)

(と言うのは, 私が想像するに, 同一性に関する誰しもの概念は同じではないだろう)

　　b.　… the same reason will be as valid, *I suppose*, to prove …　(166)

(を証明するのに同じ理由が, 想像するに, 妥当だろう)

　　c.　… which have been thought the fountains of knowledge, introduced, *as I suppose* the like use of those maxims …　(531)

（それは知識の泉と考えられてきたが，私が想像するに，こ
れらの格言の同様な使用であり，導入されたものである）

(3) a. I *doubt not, but* I can demonstrate too. (107)

（私は証明もできることは疑いない）

b. So that *I doubt, whethe*r he, and the rest of men,
could discourse concerning the objects of sight …

(274)

（彼および他の人々が視界の対象に関して論じることができ
るかどうか疑わしい）

(4) a. … and *I imagine, that* by a great many I shall be
thought more excusable … (234)

（多くの人によって，私は許されると思われていると想像す
る）

b. The knowing precisely what our words stand for,
would, *I imagine*, … quickly end the dispute. (173)

（われわれの語が表すことを正確に知ることは，想像する
に，論争をすぐに終わらせることだろう）

(5) a. *I confess*, there is another idea which would be of
general use for mankind to have … (100)

（人類が持っているもので一般的に使われるであろうもう一
つの考えがあることを白状しよう）

b. The knowledge of some truths, *I confess*, is very
early in the mind … (65)

（ある真実を知ることは，白状すると，心の中に早くからあ
る）

(6) a. … *I believe* they all might be reduced to these …

(260)

（それらすべてはこれらに還元できると信じる）

b. Perception, *I believe,* is, in some degree, in all sorts of animals … (146)

（知覚は，私は信じるが，ある程度あらゆる種類の動物の中にある）

(7) a. *I grant that* outlaws themselves do this one amongst another … (75)

（無法者自身，お互いの間でそのことをやっているということを私は認める）

b. *I grant* the existence of God, is so many ways manifest … (77)

（神の存在は多くの点で明白である）

(8) … which *I fear* they will scarce allow them to be …

(69)

（彼らはほとんど（その心に印銘されたことを）認めないのではないか）

(9) For *I presume* 'tis not the idea of a thinking or rational being alone … (302)

（これは考えたりするあるいは理性的な生き物のみの考えではないかと推測する）

(10) … if I should only show (*as I hope* I shall in the following parts of this discourse) how men … (59)

（（この談話の次の部分で示したいと思うが）どのように人々が（知識の獲得に至るか）を示すことができれば）

(11) … yet *I guess* we cause great confusion in our

thoughts …   (202)

（われわれは思考の中に大いなる混乱を引き起こしたことを推
察する）

(12) … but adequate ideas, *I suspect*, we have not of any
one amongst them.   (494)

（しかし適切な考えをわれわれはそれらのうちのどれ一つにつ
いても持っていないのではないか）

(13) … because *I find* the will often confounded with sev-
eral of the affections …   (232)

（なぜなら意志はいくつかの感情としばしば混同することが分
かる）

(14) *I know*, that people, whose thoughts are immersed in
matter …   (278)

（人々の思惟が物質に没頭していることが分かる）

(15) … and say one is longer than the other, *as I under-
stand* …   (185)

（私が理解する限り，一方が他方より長いというが）

まず，'I think' が圧倒的に多いことである。[1] 上記の表で気の
付くことは，文頭で最も多く，次いで文中にも現れるが，文末に
は現れていないということである。このことは，この句はこの段
階ではまだ挿入詞的談話標識（parenthetical discourse marker）

---

[1] Descartes René（1596-1650）の『方法序説』で述べたことば 'Cogito,
ergo sum'（I think, therefore I exist）の影響があるかもしれない。Adolph
(1968: 232) はデカルト的影響に言及しているが，本論文で扱っている 'epis-
temic phrase' ではない。

を発達させていないということである。したがって，このような機能を発達させたのはもっと後になるわけであるが，同時に‘that’節を取らないということはすでにそこには談話標識の発達が窺われるということである (Thompson and Mulac (1991) 参照)。

接続詞‘that’の省略は既に古英語において見られる (Gorrell (1895: 348))。この省略に関して，一般的に言われることは，動詞と‘that’節の間にある要素が介在する時，‘that’は残るということである (Rohdenburg (1995) 参照)。しかしながら，次例のように，ある要素が介在しているにもかかわらず，‘that’が省略されていることもある。[2]

(16)　So that, *I think*, when we talk of division of bodies *in infinitum,* our idea of their distinct bulks, which is the subject and foundation of division, comes, after a little progression, to be confounded, and almost lost in obscurity.　　　　　　　　　　　(332-3)（イタリックは原文）
（そこで私が考えるに，物体を無限に分割することを話した時，それらの別々の嵩の部分についてのわれわれの考えは，それは分割の主題であり，根本であるが，少し進んだ後で混乱し，ほとんど無に消えていくことになる）

---

[2] ‘that’が省略されるという言い方は正しくないかもしれない。Jespersen (1961: 32) は次のように述べている。In combinations like "I think he is dead" it is historically wrong to say that the conjunction *that* is omitted. Both "I think he is dead" and "I think that he is dead" are evolved out of original parataxis of two independent sentences: "I think: he is dead" and I think that: he is dead".

しかしながら，Locke においては，'that' の前にある要素が介在する例はほとんどなく，むしろ 'that' 節内の文が複文である時，'that' が維持されているようである。

(17)　Though, *I think*, that when ideas themselves are termed true or false, there is still some secret or tacit proposition …　　　　　　　　　　　　　　　　　　(345)

（考えそれ自身，真とか偽とか名付けられる時，まだ何らか秘密の，あるいは暗黙の命題があると思った）

さらに，'that' を取るか否かに関しては，動詞によって異なるようである。例えば，後述するように，Russell においては，'believe' は 'that' 節をほとんど取る。

なお，'believe' に関して，もう少し述べれば，中英語 (Chaucer) や 15 世紀にはほとんど使われていない (OED (*s.v. believe,* v.7.)) が，17 世紀以降多く使われるようになった。このことが Locke の影響によるものかどうかは不明である。ただし，表 1 からも分かるように，Locke においては，'believe' はそれほど多くない。

Locke において 'I think' と 'I believe' の興味深い点は，'that' 節と 'that' のない節において，共に 'modal' が多く使われていることである。'I think' の場合は 'may' が多く，次いで 'will' である。一方 'I believe' の場合は 'will' 次いで 'shall' で，'may' は 1 例のみであった。このことは，'I believe' のほうが 'I think' より 'confident'，あるいは話者の権威的態度を表す 'epistemic phrase' であると解釈できよう。

(18)　From what has been said, *I think* we *may* safely con-
　　　clude …　　　　　　　　　　　　　　　　　　　　(82)

　　　(今まで言われたことから，次のように結論づけてもいいと思
　　　う)

(19)　And *I think* nobody *will* say, that either of them had
　　　in his mind any idea of colours at all.　　　　(102)

　　　(彼らのどちらも心の中で色について考えを持っているとは誰
　　　も思うまい)

(20)　*I believe*, upon examination, it *will* be found, that
　　　many grown men want them.　　　　　　　　　(92)

　　　(調べてみると，多くの成人はそれを欠いていることが分かる
　　　と信じている)

(21)　*I believe*, we *shall* find, if we warily observe the origi-
　　　nals of our notions …　　　　　　　　　　　　(161)

　　　(もしわれわれが概念の原型を注意深く観察すれば分かる)

'I doubt (not)' も Locke に多く現れている。この句は 'I
doubt not but + clause' の形であり，'I doubt whether' は 2 例，
'I doubt that' は 1 例のみである。また，'I doubt not' の形で挿
入詞的に文中に使われている。

Jespersen (1917: 130) は '*But* as a conjunction = 'that not' is
frequent in an object clause after a negative expression' と述べ，
Shakespeare 以降からの 'doubt' 以外の「動詞 + not」の例をあげ
ており，その中には Swift J. 284 'I doubt not but it will take'
の例も含まれている。

さらに，*but that* も使われているとして，Shakespeare 以降，

66

Defoe R. 91 'not doubting but that there was more' の例をあげているが，Locke にはこの形は見られなかった。[3]

同様に，Jespersen（1917: 133）は 'doubt not + to-infinitive' の例をあげているが，Locke には見られない。ただし，Hobbes の例参照。

1.3. まとめ

以上考察してきたように，Locke は 'comment clause' を多く使っていることが分かったが，Locke がどの程度影響を及ぼしたかは明確ではない。少なくとも，哲学上の学説は別にして，言語学的影響に関しては，Wierzbicka が主張するほど大きく影響するほどではなかったのではないか。また，いくつかの問題点を指摘できる。

まず，Wierzbicka は史的変遷を考慮していない。例えば，'I think' は Locke 以前から多く使われてきた（秋元（2010: 162））。Locke がこの句を多用していることは目新しいことではない。ただし，最も多く使われはじめたのは18世紀以後である。

さらに主観化（subjectification）に関して，Traugott（1989）が提唱している nonepistemic から epistemic への主観的発達について，Wierzbicka（2006: 295）は次のように述べている。

---

[3] なお，『研究社新英和大辞典』は 'I don't doubt but / but that' の例を（口語）としているが，（文語）の間違いであろう。FLOB Corpus（百万語）によると，'doubt' の後は以下のようであり，'but' も 'but that' も現れない：if（7例），that（6例），that-zero（5例），whether（3例）。

The rise of epistemic adverbs in modern English (in what Traugott calls a "strong subjective epistemic sense") reflects, I suggest, a rise of epistemological concerns in Anglo culture at a particular time of its development.

（現代英語における認識的副詞 (Traugott の言う「強い主観的認識的意味」) の台頭は発展の特定の時期でアングロ文化において，認識的関心の発生を反映していると，示唆したい）

文脈から，'at a particular time' は Locke の時代を指していると思われるが，主観化は Locke 以降ではなく，それ以前からあり (Traugott (1989) の例を参照)，この 'suggestion' は正しくないし，また 'Anglo culture' からの発達という点においても言い過ぎであると思われる。ここでは，'probably' などの副詞について述べているが，'epistemic phrase' についても同様な議論を行っている。

Locke にはその経験論を表す句，'experience and observation' が何度も使われており，その句こそ Locke の特徴を示す key word(s) であろう。以下にその例をあげる。

(22)　One may perceive how, by degrees, afterwards, ideas come into their minds, and that they get no more, nor no other, than what *experience*, and the *observation* of things, that come in their way, furnish them with …

(91)

（徐々に後になって，観念がどのように子供たちの心の中に入っていくのか，そして子供たちの前に現れる物事について

の経験と観察が子供達にあてがう以上でもそれ以外でもない
ことに気付くかもしれない）

(23) But in the future part of this discourse, designing to
raise an edifice uniform and consistent with itself, as
far as my own *experience and observation* will assist,
I hope, to erect it on such a basis …　　　　　(106-7)

（談話のこれからの部分において，それ自身と一貫した巨大な
建物に作り上げる意図で，そして経験と観察が助けとなる限
り，そのような基礎の上にそれを建設することを望むのであ
る）

　Wierzbicka は 'Anglo culture' に基づく個別性に焦点を当てて
語彙や文法の変遷を説明しようとしているが，Locke の後世へ
の影響の是非は単に 'epistemic phrase' だけでなく，彼の表現全
体を当時の社会的・思想的背景に照らし合わせて考察すること
が重要である。

2.　合成述語構文

　最も多く使われるパターンは 'make use of' と 'take notice
of' である。

2.1.　do

(24) Liberty, on the other side, is the power a man has to
do or forbear *doing any particular action*.　　　(226)
（一方，自由とはどんな特定の行為をも行うか，あるいは行う

ことを控えるかという人が持つ力能である)

(25)　If a man sees what would *do* him *good or harm*, what
　　　would make him happy or miserable …　　　　　　(252)
　　　(もし自分に良いこと，あるいは害を及ぼすものは何か，何が
　　　幸福にしたり，不幸にするのか分かったのなら)

(26)　I shall imagine I have *done some service* to truth,
　　　peace and learning.　　　　　　　　　　　　　　(392)
　　　(私は真実，平和そして学問にいささか貢献したと想像します)

2.2.　give

(27)　This was that which *gave the first rise to* this essay
　　　concerning the understanding.　　　　　　　　　(58)
　　　(これが知性に関するエッセイを最初に生み出したものであっ
　　　た)

(28)　… it *gives occasion* to distrust either their knowledge
　　　or charity …　　　　　　　　　　　　　　　　(83)
　　　(これは知識とか慈善に不信を持つ機会を与えることになる)

(29)　From what has been said, it is easy to *give account*,
　　　how it comes to pass …　　　　　　　　　　　　(246)
　　　(今まで述べてきたことから，どうしてこのようになるのかを
　　　説明するのは簡単だ)

(30)　Many a man … has … and, by those elucidations,
　　　given rise or increase to his doubts …　　　　　(428)
　　　(多くの人はこれらの説明により疑いを生じさせ，あるいは増
　　　幅した)

(31)　… it can never have a ground to quit the clear evi-
dence of its reason, to *give place* to a proposition.

(611)

（その理性のはっきりした証拠を捨て，ある命題に道を譲る根
拠をけっして持つことはできない）

2.3.　have

(32)　I *have so little affection* to be in print … 　　　(10)
（印刷されることはあまり好まない）

(33)　… the mind … accustoms itself to *have recourse to*
them, as to the standards of truth and falsehood. (534)
（心は真偽規準に関してそれらに頼ることに慣れてくる）

2.4.　make

(34)　I shall *make some inquiry* into the nature and grounds
of faith, or opinion … 　　　　　　　　　　　(56)
（信義や意見の性質や根拠について少しばかり探求してみよ
う）

(35)　*The discoveries* we can *make* with this, ought to satis-
fy us … 　　　　　　　　　　　　　　　　　(57)
（このことに関してできる発見はわれわれを満足させるはず
だ）

(36)　But, which is worse, this argument of universal con-
sent, which is *made use of,* to prove innate principles
… 　　　　　　　　　　　　　　　　　　　　(60)

（さらに悪いことには，普遍的一致のこの議論は，それは利用
されているのだが，生来の原理を証明しようとするものだ）

(37)　But the passions being of much more concernment to
us, I rather *made choice* to instance in them …　　(219)
（情熱はわれわれにとってさらなる関心事なので，そこから選
んで例証することにした）

(38)　… when the eternal state is considered but in its bare
possibility, which nobody can *make any doubt of*.

(256)

（永遠の状態を考えた時，そのわずかな可能性であるが，それ
について誰も何らの疑いを持たない）

2.5.　take

(39)　… the first step towards satisfying several inquiries …
was to *take a survey* of our own understandings …

(58)

（いくつかの探求を満足させる最初の第一歩はわれわれ自身の
知性について概観することだ）

(40)　… they are never known, nor *taken notice of,* before
the use of reason …　　　　　　　　　　　　　　(64)
（知性が使用される以前はそれらは知られていなかったし，気
づかれもしなかった）

(41)　… *the notice* we *take of* the ideas of our own minds
… is that which …　　　　　　　　　　　　　　(179)
（われわれの心の観念について気のつくことは次のことで

ある）

(42) But in its complex ideas of mixed modes, the mind *takes a liberty* not to follow the existence of things exactly. (384)

（混合した様相の複雑な観念において，心は物事の存在に正確に従わない自由を持つ）

(43) … how they might deliver themselves without obscurity, doubtfulness, or equivocation, to which men's words are naturally liable, if *care be not taken.* (453)

（気をつけなければ，どのようにしたら，人間の言葉が当然陥りやすいのであるが，不鮮明さ，疑わしさ，あるいは曖昧さなしで述べることができるのか）

3. 仮定法

3.1. 'if' のない仮定法

(44) *Were* it fit to trouble thee with the history of this essay, I should tell thee that … (8)

（このエッセイの歴史であなた方を悩ましても良いというなら，あなた方に次のことを話したい）

(45) And *had* mankind been made with but four senses, the qualities then … *had* been as far from our notice, imagination, and conception … (122)

（そしてもし人類がたった四つの感覚を持って作られていたとしたら，その特質は，われわれの認知，想像，そして概念か

ら遠く離れていたであろう）

(46)　*Could* the mind, as in number, come to so small a
part of extension or duration, as excluded divisibility,
that would be, as it were, the indivisible unit or idea
…　　　　　　　　　　　　　　　　　　　　　　　(192)
（心が数においてのように可分性を排除するほど拡大や継続の
小さな部分に到達できたら，丁度不可分性を排除するように，
それはいわば，不可分の単位，あるいは観念ということにな
ろう）

3.2.　形容詞＋that

(47)　If any, *careful that none of their good thoughts should
be lost* …　　　　　　　　　　　　　　　　　　(13)
（自分達の良い考えが失われないよう気を付ける誰かがいると
して）

(48)　… it is not *requiste, that that thing should be co-exis-
tent to the motion* we measure by, or any other peri-
odical revolution …　　　　　　　　　　　　　(186)
（当の事物とわれわれが測る運動とあるいは他の周期的回転と
が共存すべきであるという必要はない）

(49)　… but this, at least, is *necessary, that he have so ex-
amined the significtion of that name* …　　　(456)
（彼がその名前の意義を調べる必要が少なくともある）

3.3. 動詞＋that

(50)　… God *intended we should have a perfect, clear and*
　　　 adequate knowledge of them …　　　　　　　 (273)
　　　 （われわれがそれらの完全な，明確な，そして適切な知識を持
　　　 つことを神は意図していた）

(51)　I have *taken care that the reader should have the sto-*
　　　 ry at large in the author's own words …　　　 (301)
　　　 （読者は著者の言葉による物語を詳しく知るべきであることを
　　　 注意した）

4.　動詞＋補文

4.1.　forbear＋to V／ing

両方とるが，to 不定詞のほうが少し多い。

(52)　This I cannot *forbear to acknowledge* to the world,
　　　 with as much freedom and readiness …　　　　 (12)
　　　 （自由にすぐさまこのことを世間に認めることができない）

(53)　Liberty, on the other side, is the power a man has to
　　　 do or *forbear doing* any particular action …　 (226)
　　　 （一方，自由とはどんな特定の行為を行うか，あるいは行うこ
　　　 とを控えるかという人が持つ力能である）

(54)　So that *liberty is not an idea belonging to volition*,
　　　 preferring; but to the person having the power of do-
　　　 ing, or *forbearing to do*, according as the mind shall
　　　 choose or direct.　Our idea of liberty reaches as far as

that power, and no further.　For wherever restraint comes to check that power, or compulsion takes away that indifference of ability on either side to act, or to *forbear acting,* there liberty, and our notion of it, presently ceases.　　　　　　　　(224)（イタリックは原文）

（そこで自由とは意志あるいは選択に属する観念ではなく，心が選んだり，命令したりすることに応じて，行ったり，行うことを抑えたりする力能を持つ人に属する。われわれの考える自由はその力能まで到達するが，それ以上ではない。というのは，抑制がその力を阻止したり，強制が行為を行うか，抑えるかどちら側にせよできる無差別を取り去れば，そこでは自由，あるいはわれわれの考えはすぐになくなるのである）

4.2.　take notice of / take notice that

(55)　… it shuts out all other thoughts, and *takes no notice of* the ordinary impressions made then on the senses …　　　　　　　　　　　　　　　　　　　　　　　(214)

（それはすべての思考を締め出し，その時感覚に与えた普通の印象について少しも気づかないのである）

(56)　It is easy to *take notice, how* their thoughts enlarge themselves …　　　　　　　　　　　　　　　　(98)

（彼らの思考がどのように拡大していくか気が付くのは簡単だ）

(57)　… it suffices to *take notice, that* this is one of the operations, that the mind may reflect on …　　　　(153)

（これは作用の一つであり，そこに心が内省するかもしれない
ことに気が付けば充分だ）

4.3. doubt to V / of ing / of NP / but that

(58) I shall set down the reasons, that made me *doubt of*
the truth of that opinion … (59)
（私は理由を述べよう。そしてそれこそがあの意見の真実につ
いて疑わせたのだ）

(59) … since the assent … is produced another way, and
comes not from natural inscription, as I *doubt not but*
to make appear in the following discourse … (74)
（その同意は他の方法で生み出され，自然の銘刻からは来ない
のであり，次の話において明らかになることに疑いはない）

(60) I *doubt not but that* everyone that will go about it,
may easily *conceive* in his mind, *the beginning of mo-*
tion … (184)（イタリックは原文）
（そういうことに取りかかろうする人は心の中に運動の始まり
をすぐに知覚するであろうことには疑いはない）

4.4. avoid ing / to V

(61) … for men being furnished with words, by the com-
mon language of their own countries, can scarce *avoid*
having some kind of ideas of those things … (95)
（自分たち自身の国の共通の言語により，人は言葉を提供され
ており，これらの物事についてある種の観念を持つことはほ

とんど避けがたい)

(62)　… yet I could not *avoid to take* thus much notice here
of the names of mixed modes …　　　　　　　　(264)
（混合様相の名前についてここではあまり注意をしないわけに
はいかなかった）

5.　複合前置詞／動詞派生前置詞

　これらのパターンはそれほど多く使われていない。複合前置詞
の中で多いのは，‘in (by) reference to’であり，次いで，‘in re-
spect of’，‘for the sake of’そして‘in relation to’と続いてい
る。

(63)　… it may not be amiss for us to consider them, *in ref-
erence to* the different ways.　　　　　　　(123)
（異なった方法に関して，それらのことをわれわれが考えるの
はあながち間違ってないかもしれない）

(64)　In which, and the like cases, the power we consider,
is *in reference to* the change of perceivable ideas.

(220)

（その場合，そして似たような場合において，われわれが考え
ている力能とは知覚できる観念の変化に関してである）

(65)　So that *in respect of* actions, within the reach of such
a power in him, a man seems as free …　　　(229)
（そこで行為の点に関しては，彼の中のそのような力の及ぶ範
囲内で，人はできるだけ自由であるように思われる）

(66)　… will not only be very pleasant, but bring us great advantage, in directing our thoughts *in the search of* other things.　　　　　　　　　　　　　　　　　(55)

（単にたいそう楽しいだけでなく，他の物を求める方向にわれわれの考えを向けさせるという大いなる利点をももたらす）

現代英語では ‘the’ がないのが普通。

(67)　… we consider fire, *in relation to* ashes, as cause, and the ashes, as effect.　　　　　　　　　　　　　　　(293)

（灰との関係が火が原因であり，灰を結果と考える）

動詞派生前置詞の中では，‘concerning’ が圧倒的に多く，大別して，‘NP + concerning + NP’，‘V + concerning’ そして文頭に ‘concerning + NP’ のパターンで現れるものに分けられる。

(68)　These are my guesses *concerning* the means whereby the understanding comes to have and retain simple ideas …　　　　　　　　　　　　　　　　　(158-9)

（これらが手段に関しての私の推論であり，その手段により知性は単純な観念をもち，保持するようになる）

(69)　The last inquiry therefore *concerning* this matter, is …　　　　　　　　　　　　　　　　　　　　　(255)

（したがって，この件に関しての最後の探究とは）

(70)　The same happens *concerning* the operation of the mind …　　　　　　　　　　　　　　　　　(270)

（同じことは心の作用に関して起こる）

(71)　… let us proceed now to inquire *concerning* our

knowledge of the existence of things, and how we
come by it. (546)

（物事の存在に関してのわれわれの知識，そしてそれをどのよ
うに獲得したかについて探究することを進めようではないか）

(72)　*Concerning* the simple ideas of sensation 'tis to be
considered that … (133)

（感覚についての単純な観念に関して，次のように考える）

(73)　*Concerning* the several *degrees* of lasting, wherewith
ideas are imprinted on the *memory* …

(148)（イタリックは原文）

（観念が記憶に記録される永続性の幾つかの程度に関しては）

6.　ing

6.1.　being

'ing' はしばしば関係節中で使われる。動詞の中では 'being'
が圧倒的に多い。

(74)　For example, let us take any of these rules, which *be-
ing* the most obvious deductions of human reason …

(81)

（たとえば，これらの規則のどれをも取り上げてみよう。それ
は人間の知性の最も明らかな演繹であるが）

(75)　The use I make of this is, that whatever idea *being*
not actually in view, is in the mind … (102)

（これを利用するということは，どんな観念であれ現実には見

えないものでも，心の中にあるということである）

(76) The mind *having* once got such a measure of time, as
the annual revolution of the Sun, can apply that mea-
sure to duration …   (183)

（心が太陽の年間の回転のように時の測度を一度得たら，その
尺度を持続的に応用できる）

6.2.　the／a＋ing／adjective＋ing

(77) … *the comparing* them one with another may, per-
haps, be of use for their illustration …   (187)

（それらをお互いに比較することは例証のために役立つかもし
れない）

(78) … which power or ability in man, of doing anything,
when it has been acquired by *frequent doing* the same
thing is that idea we name *habit* …

(266)（イタリックは原文）

（同じことを何度もすることにより得られた時，それは人間の
内にある何でもできる力あるいは能力であるが，慣性と名付
けられる観念である）

(79) … which is *a comparing* his strength to the idea we
have of the usual strength of men, or men of such a
size.   (295)

（それは彼の力を普通の体力，あるいはそのサイズの通常の人
についてわれわれが持つ概念と比較することができる）

7.　その他の特徴的用法

7.1.　**whether or no / not**（⇒後述）

(80)　*Whether we can determine it or not*, it matters not …

(71)

（それを決定できるかどうかということは大して問題ではない）

(81)　But *whether or no* our ideas of mixed modes are more liable than any sort, to be different from those of other men …　　　　　　　　　　　　　　　(348)

（混合様相のわれわれの観念はどんな種類より他の人々の観念とは異なりがちであるかどうか）

(82)　… it is certain, that there is a God, *whether you imagine that being to be material or no*.　　　(552)

（確かに神は存在する。その存在が物質的であると想像しようがしまいが）

7.2.　**at large**

Locke においては、Hobbes の用法同様 'at length, in full, fully' の意味で使われている。

(83)　I shall set down *at large*, in the language it is published in …　　　　　　　　　　　　　　(79)

（それが出版される言語で（その本を）詳しく記述しましょう）

(84)　This opinion I have *at large* examined already …

(109)

（この意見は私はすでに充分吟味した）

(85) But having occasion to speak more *at large* of these in another place, I here only enumerate them.　(128)
（これらに関しては，他の所でもっと詳しく話す機会を持っているので，ここではあげるだけにとどめる）

7.3.　methinks

Palander-Collin（1997）によると，'methinks' の副詞句への文法化は 15 世紀頃起こったとしている。最初の頃は接続詞的 'that' を取っていたが，徐々に 'that' がなくなり，その分挿入詞的になってきた。なお，Bromhead（2009: 203）は 1590 年から 1609 年の間，'methinks' は 115 例あるとしている。

(86) … what they themselves write, *methinks* it savours much more of vanity or insolence …　(10)
（彼ら自身が書いたものは，虚栄か無礼なものが多分にあるように思われる）

(87) For, *methinks*, the understanding is not much unlike a closet wholly shut from light …　(158)
（というのは，知性とは光から全く遮断されたクローゼットにも似ているように思われる）

(88) His infinite being is certainly as boundless one way as another, and *methinks* it ascribes a little too much to matter, to say, where there is no body, there is nothing.　(188)
（神の無限の存在は何らかの方法で際限が確かにない，そして

それは多少とも物体に少なからず帰しているように思われる。
つまり，物体のないところには何もない）

7.4. in order to NP/ing

OED (order, *sb.* 28. b.) には以下のような説明があり，b. の
初例として，1711 年の Steele の例をあげている。

a. With a view to the bringing about of (something), for
the purpose of (some prospective end)

b. with *infinitive* object.

(89) For if they were innate, what need they be proposed,
in order to gaining assent … (68-9)
（もしそれらが生来的なものなら，同意を得るためどんな必要
であって提案されているのか）

(90) … the present uneasiness, that we are under, does nat-
urally determine the will, *in order to* that happiness
which we all aim at in all our actions … (235)
（われわれが受けている現在の居心地の悪さはすべてのわれわ
れの行為において，目的としている幸福のためであるため，
当然のことながら意志を決定する）

(91) … when the concurrence of those circumstances,
which this ingenious author thinks necessary, *in order
to* the soul's exerting them, brings them into our
knowledge. (319)
（魂がそれらを発現するため，この利口な著者が必要だと考え
る諸事情の協力がそれら (notions) をわれわれに知らせる時）

7.5. 倒置

Locke においてはしばしば倒置語順が見られる。

(92)　… *in vain shall* a man go about to distinguish them.

(61)

（人はそれらを区別しようと取り掛かるが無駄である）

(93)　*On this faculty of distinguishing one thing from another, depends* the evidence and certainty of several, even very general propositions, which have passed for innate truths …　(152)

（一方を一方から区別する機能に，生得的真理として通っているいくつかの一般的な命題でさえ，その証拠及び確実性は依存している）

(94)　For it is the real constitution of its insensible parts, *on which depend* all those properties of colour, weight, fusibility, fixedness, *etc*.　(375)（イタリックは原書）

（色，重さ，可溶性，固定性等の特性すべてが依存しているのは，その無感覚の部分の実在の構造なのだ）

第6章　哲学者の英語 (**4**)
—David Hume (**1711–1776**)

> **Key sentence:** Causes and effects are discoverable, not by reason, but experience. (20)（原因と結果は発見できるのだ，理知ではなく，経験から）

1.　挿入詞

最も多いのは I believe，I think，I own などである。

(1)　*I believe* there are few but will be of opinion that he can. (15)

（彼ができるという意見は非常に少数だと信じる）

(2)　Necessity … has never yet been rejected, nor can ever, *I think*, be rejected by any philosopher. (67)

（必要性は決して拒否されたわけではなく，思うにどんな哲学者にも拒否されてこなかった）

(3)　*I own,* that this dispute has been so much canvassed on all hands … (59)

（この討論は至る所で大いになされていることを私は認める）

(4) To prove this, the two following arguments will, *I hope*, be sufficient. (13)

（このことを証明するために，次の2つの論で充分であろうことを願っている）

(5) *I confess*, that it is impossible perfectly to explain this feeling or manner of conception. (36)

（この感情や概念の仕方を完全に説明することは不可能であると認める）

2. 合成述語構文

2.1. do

(6) I hope the word can *do no harm*. (70)

（語は何らの害も与えないことを望みます）

2.2. give

(7) Why then should we *give the preference* to one, which is no more consistent or conceivable than the rest?

(21)

（他のものと同様に首尾一貫していなかったり，考えられないなものに優先権をなぜ与えるべきなのか）

(8) Each solution still *gives rise to* a new question as difficult as the foregoing, and leads us on to farther enquiries. (23)

（各解法は前と同じような困難な新しい問題をさらに生じさ

　　せ，一層の探求へと導く）

(9)　Every physical ill ... could not possibly be moved ... without *giving entrance* to greater ill ...　　　(73)

　　（あらゆる身体上の病気はそれ以上大きな病気を入れることなしに除去することはできないだろう）

2.3.　have

(10)　Here then, many philosophers think themselves obliged by reason to *have recourse*, on all occasions, to the same principles ...　　　(51)

　　（ここで多くの哲学者はあらゆる場合，同じ原則に理屈上自分自身頼らざるをえないと考える）

(11)　And shall we, rather than *have a recourse* to so natural a solution, allow of a miraculous violation of the most established laws of nature?　　　(91)

　　（それほど自然な解決法に頼るより，自然の最も確立した法則を奇跡的に破ることを許すのでしょうか）

(12)　... we *have a strong presumption* ... that it ought to be universally admitted, without any exception or reserve.　　　(78)

　　（どんな例外も前提条件をつけないで普遍的に認めるべきであるということに強い理由がある）

2.4. make

(13) … if, by any means, we can *make any addition* to our stock of knowledge …   (11)

(どんな手段であれ，知識の貯えを増やすことができれば)

(14) … but, if *a proper use were made of* it …   (15)

(そのことを適切に利用できたなら)

(15) If I be right, I pretend not to have *made any mighty discovery.*   (29)

(もし私が正しければ，私はどんな強力な発見をしたなどと言うつもりはない)

2.5. take

(16) … and banish all that jargon, which has so long *taken possession of* metaphysical reasonings …   (15)

(形而上学的理由を長い間虜にしてきた隠語を駆逐するだろう)

(17) These ideas *take faster hold of* my mind, than ideas of an enchanted castle.   (36)

(これらの考えは魔法にかけられた城についての考え以上に私の心を強く捕らえた)

(18) We *take a pleasure* in viewing the picture of a friend, when it is set before us …   (37)

(友達の絵をわれわれの前に置かれた時，見る楽しみがある)

3. 仮定法

3.1. 倒置による仮定法

'were' が圧倒的に多い。

(19) *Were* there no advantage to be reaped from these stud-
ies … (7)

（これらの研究から刈り取る利点がないなら）

(20) We fancy, that *were* we brought, on a sudden, into this
world, we could at first have inferred … (20)

（突然この世に生まれたら，まず次のようなことを推測したで
あろうと思う）

(21) *Should* it be said, that…this, I must confess, seems
the same difficulties … (27)

（次のようなことが言われたとして，認めなければならないが，
これは同じ困難であるように思われる）

(22) But *were* there no uniformity in human actions, and
were every experiment, which we could form of this
kind, irregular and anomalous, it were impossible to
collect any general observations concerning mankind
… (61–2)

（人間の行動に一貫性がないとしたら，またこの種のなしうる
あらゆる実験が不規則で，異常であるなら，人類に関してど
んな一般的な観察をも集めることは不可能であろう）

3.2.　その他の仮定法

(23)　*… if I be not much mistaken*, we shall find that …

(59)

（もし私がたいして間違っていなければ，次のようなことが分かるだろう）

(24)　The discovery of defects in the common philosophy, *if any such there be*, will not … be a discouragement.

(19)

（普通の哲学における欠陥の発見はもしそのようなものがあるとして，がっかりすることではない）

(25)　But *did* we know man only from the single work or production which we examine, *it were impossible* for us to argue in this manner …　　　(105)

（人を調べた単一の作品や成果のみから知ろうとしたら，このような方法で議論するのは不可能であろう）

4.　動詞＋補文

4.1.　doubt NP/of NP/but

(26)　… our present philosophers, instead of *doubting the fact,* ought to receive it as a certain …　　　(92)

（現在の哲学者は事実を疑うのではなく，それを確かなものとして受け取るべきである）

(27)　I should not *doubt of her pretended death*, and of those other public circumstances …　　　(93)

（彼女の見せかけだけの死について疑うべきではなく，これら
の公の環境についても疑うべきでない）

(28)　I *doubt not but*, from the very same experience, to
which you appeal, it may be possible to refute this
reasoning …　　　　　　　　　　　　　　　　　(104)
（あなたが訴える正に同じ経験から，この理由に反駁すること
は可能であることに疑いはない）

4.2.　fail of NP/ing

(29)　… the same force in the spring or pendulum has al-
ways the same influence on the wheels; but *fails of its*
usual effect …　　　　　　　　　　　　　　　　(63)
（スプリングや振子における同じ力が歯車にも同様な影響が常
にあるが，通常の効果に欠ける）

(30)　It is true, when any cause *fails of producing* its usual
effect, philosophers ascribe not this to any irregularity
in nature; but …　　　　　　　　　　　　　　　(42)
（実際，どんな原因であれ，通常の効果を生み出すことができ
ない時，哲学者はこのことを自然における不規則性に帰する
のではなく）

5.　複合前置詞／動詞派生前置詞

　Hume において圧倒的に多いのは，'with regard to' である。
その他，'by means of' や 'on account of'，'for the sake of' な

ど少数である。

(31) Nor is it easy to fall into any error or mistake *with regard to* them. (15)

(それらに関して，誤ちや間違いに陥ることは容易ではない)

(32) Here is our natural state of ignorance *with regard to* the powers and influence of all objects. (27)

(すべての対象物の力及び影響に関して，無知に対するわれわれの自然の状態がここにある)

(33) But *with regard to* the present subject, there are some considerations … (28)

(しかし現在の主題に関して，いくつか考慮することがある)

(34) *By means of* such compositions, virtue becomes amiable … (5)

(そのような技法により美徳は協調的になる)

(35) … yet no one, *on account of* this appearing similarity, expects the same taste and relish in all of them. (26)

(一見似ているゆえに，だがそのすべてにおいて味や味覚が同じであるとは誰も期待しない)

動詞派生前置詞に関しては，ほとんど'concerning'のみである。

(36) All reasonings *concerning* matter of fact seem to be founded on the relation of *Cause and Effect.*

(19)（イタリックは原文）

(事実に関する全ての論証は原因と結果の関係に基づいている)

(37)　It would seem, indeed, that men begin at the wrong end of this question *concerning* liberty and necessity.

(68)

（自由と必要に関してこの問は出だしから間違っているところから人は始めるように実際思われる）

(38)　Moral reasonings are either *concerning* particular or general facts.　　　　　　　　　　　　　(120)

（道徳的論証は個々の事実か一般的な事実かに関わっている）

6.　ing

(39)　It *being* a general maxim, that no objects have any discoverable connexion together.　　　　　(81)

（どんな対象物もお互い発見できる関係を持っていないということは一般的な格言である）

(40)　Nothing can save us from this conclusion, but *the asserting*, that the ideas of those primary qualities are attained by Abstraction …　　(113)　*(イタリックは原文)*

（何事もこの結論から免れないが，これらの主たる性質についての考えは抽象化によって達成できると主張する）

7.　その他の特徴的用法

7.1.　whether ~ no / not　（⇒後述）

(41)　Now *whether it be so or not*, can only appear upon

examination … (67)

（さて，それがそのようであるかどうかは調べてみれば，すぐに現れる）

(42) *Whether their reasoning of theirs be just or not*, is no matter. (107)

（彼らの論証が正当であるかないかは問題ではない）

7.2. at large

それほど多くない。

(43) … and might be displayed *at large* with all the force of argument and eloquence … (88)

（議論と雄弁さの全ての力で詳しく示されるように）

7.3. in order to V

Hume においては 'to V' のみ。

(44) *In order to diffuse and cultivate* so accomplished a character, nothing can be more useful than compositions of the easy style and manner … (5)

（成就した人格を広げ，磨くためには気安いスタイルや作法の作成ほど有益なものはない）

(45) We must submit to this fatigue, *in order to live* at ease ever after … (8)

（これから先，気楽に生活するためにはこの疲労に服従しなければならない）

7.4.　**look forward to V**

OED (forward B. *adv*. 1. b.) には "With vbs., as *look*, *think*: esp. to *look forward*: to look ahead, to look expectantly towards the future or *to* a coming event." とあるが，'to V' の例はない。

(46)　It seems evident, that when the mind *looks forward to discover* the event, which may result from the throw of such a dye …　　　　　　　　　　　　　　(41)

　　　(明らかなように見えることは，心が出来事を発見するのを期待している時，それはそのようなサイコロのひと振りからの結果からきているかもしれないということである)

7.5.　**lest ~ (should) V**

(47)　But this must be done with the most severe scrutiny, *lest we depart* from truth.　　　　　　　　　　　　(94)

　　　(しかしわれわれが真実から離れないようにこのことは最も厳しい吟味でなされなければならない)

(48)　… which I shall just propose to you, without insisting on it; *lest it lead* into reasonings of too nice and delicate a nature.　　　　　　　　　　　　　　　　(107)

　　　(以下のことを主張しないで，あなた方に提案しよう。このことが余りにも細かく，デリケートな性質の推論に至らないように)

7.6.　in vain＋倒置

Hume においてこの倒置は比較的多い。すべて文頭に現れる。

(49) Accuracy is, in every case, advantageous to beauty, and just reasoning to delicate sentiment. *In vain would* we exalt the one by depreciating the other.　(6)

（正確さは，あらゆる場合，美にとって利点がある。丁度それはデリケートな心情に対して理性が利点があるがごとくである。われわれは他方を貶めてもう一方を賛美するのは無駄である）

(50) *In vain*, therefore, *should* we pretend to determine any single event, or infer any cause or effect, without the assistance of observation and experience.　(22)

（したがって，観察と経験の助けなくしてはどんな単一の出来事をも決定しようとしたり，どんな原因や結果をも推論を敢えてしようとしても無駄である）

OED (vain, *a.* and *sb.* II. 5.) には，例として 1752 年の Hume の例の引用があり，唯一倒置の例である。なお，引用例の中には，Hobbes の *Leviathan* (1651, II. Xviii, 89)（本テキストでは，p. 116）からの次例が載っている。倒置例ではない。

(51) It is therefore *in vain* to grant Sovereignty by way of precedent Covenant.

（先行の契約により主権を与えることは無駄である）

第7章 哲学者の英語（**5**）
── **John Stuart Mill**（**1806–1873**）

Key sentence: That principle is, that the sole end for which mankind are warranted, individually or collectively, in interfering their member, is self-protection. (12–13)（その原理とは，人類が個人的にも集団的にもそのメンバーに干渉しうるという点で，保証される唯一の目的であるが，それは自己防衛である）

1. 挿入詞

Mill において最も多く使われているのは 'I believe' 次いで，'I think' である。ほかに 'I apprehend' など少数ある。

(1) … *I believe* this view of the subject is mostly confined to the sort of persons who …　　　　　　(29)
（その主題に関する見解はその種の人々に大部分かぎられていると信じるのに）

(2) *I believe* that before they devote themselves exclusively to the one, they have already become incapable of the other.　　　　　　(124)
（彼らがもう一方の〔低級な快楽〕にもっぱら献身する前からもう一方の〔高級な快楽〕がすでにできないことになっている

と信じる）

(3) Hardly anything, *I believe*, can be more rare, than this conjunction. (431)

（この結合ほどまれなものはほとんどないと信じる）

(4) The above is, *I think*, a true account, as far as it goes, of the origin … (161)

（上のことはその限りにおいて，その起源について本当の説明であると思う）

(5) … *I think* that the apprehension would be very well founded. (435)

（その不安は充分根拠があると思う）

(6) The practice introduced…will be found, *I apprehend*, to be one of the most dangerous errors … (351)

（導入されたその習慣は，私が危惧するに，最も危険な誤りの一つであろう）

2. 合成述語構文

2.1. do

(7) It is by associating the doing right with pleasure, or the *doing wrong* with pain … (153)

（それは正しいことをすることは楽しみを連想させること，あるいは悪いことをすることは苦痛を連想させることによるのである）

(8) … but even then, *no justice can be done* to it until

some other person…takes it in hand, tests it …　(475)

（その時ですら誰かが手に取って，ためすまでは正当に評価で
きない）

(9)　… which applauds the strong man of genius for forci-
bly seizing on the government of the world and mak-
ing it *do his bidding* in spite of itself.　　(65)

（世間を統治する機会を力強くつかんで，お構いなしに自分の
命令に従わせる天才的な強い人間を賞賛する）

2.2.　give

(10)　… the subject is one on which it is not generally con-
sidered necessary that *reasons should be given*, either
by one person to others, or by each to himself …　(9)

（他人や自分自身によって理由は述べられる必要はないと一般
的に考えられている主題である）

(11)　This servility, though essentially selfish, is not hypoc-
risy; it *gives rise to* perfectly genuine sentiments of
abhorrence …　　(10)

（この服従は本質的には利己的かもしれないが，偽善ではない。
それは嫌悪の全く本当の感情を生じさせるのである）

(12)　*Judgement is given* to men that they may use it.　(20)

（判断力が人々に与えられているのは，それを使うためである）

2.3.　have

(13)　… that *recourse* must generally *be had* to the plan of representative sub-Parliaments for local affairs …

(358)

（地方の出来事に対して代表の下位議会の計画に一般的には頼らなければならない）

(14) The notion, that people *have no need* to limit their power over themselves, might seem axiomatic …　(7)

（人々は自分に対して権力を限定しないという考えは自明のように思われるかもしれない）

(15) … minorities, seeing that they *had no chance* of becoming majorities, were under the necessity of pleading to those …

(11)

（少数は多数になることのチャンスはないことが分かり，哀願する必要に迫られた）

2.4. make

(16) *The objection* likely to *be made* to this argument would probably take some form as the following.　(20)

（この議論に対してありうる反対は多分次のような形をとるだろう）

(17) … they have contented themselves with cutting off the *additions which had been made* to it in the middle ages …

(48)

（中世になされた付加を削ぐことで彼等は満足した）

(18) *No mention is made* of a third class, different from either of these …

(87)

（これらのどちらとも異なる第 3 のクラスについて何の言及も
ない）

2.5.　take

(19)　Those who are still in a state to require being *taken care of* by others, must be protected …　　　　　(13)
（他人により介護される必要のある状態に今だにある人は守ら
れなければならない）

(20)　… few think it necessary to *take any precautions* against their own fallibility …　　　　　(20)
（自分自身の誤りを犯す可能性に対して用心する必要があると
考える人はほとんどいない）

(21)　Or by what other faculty i*s cognizance taken of* them?　　　　　(148)
（あるいは他のどんな機能によりそれらについて気づくのか）

3.　仮定法

3.1.　通常の仮定法

(22)　*Were* he to act thus, and so far delicate as a despot, he would do away with a considerable part of the evils characteristic of despotism.　　　　　(212)
（彼がこのように行動し，独裁者として退位するなら，独裁主
義を特徴づける悪の大部分を取り除くことができるだろう）

(23)　*Had* a plan like Mr. Hare's by good fortune suggested

itself to the enlightened and patriotic founders of the American Republic. (274)

（ヘアー氏のような計画が幸運にもアメリカ共和党の啓蒙的, 愛国的創立者に示唆するものがあったとしたら）

3.2. **take care that**

(24) … society … must *take care that it be sufficiently severe* … (77)

（その罪は充分厳しいものであることに社会は注意しなければ ならない）

(25) … they would be brought up either churchmen or dissenters as they are now, the State merely *taking care that they should be instructed churchmen, or instructed dissenters.* (104)

（彼らは今あるような聖職者や異端者として育てられた。国は 彼らが指導された聖職者か指導された異端者かに注意してい るだけである）

3.3. **in case**

(26) … but not for compelling him, or visiting him with any evil *in case he do otherwise* … (13)

（彼がちがったやり方をした時, 彼に強制したり, 害を与えた りするものではない）

(27) … i*n case there should afterwards be reason* to believe that the article had been applied to criminal pur-

poses.　　　　　　　　　　　　　　　　　　　　　　　(44)

（その条項が犯罪目的に適用されたと信じる理由が後になって
あった場合）

3.4.　on condition that

(28)　… it is fit to take some notice of those who say, that
the free expression of all opinions should be permit-
ted, *on condition that the manner be temperate* …(52)
（次のことを言う者がいて注意する必要がある。すなわち，す
べての意見を自由に表現するのは許すべきだ。ただし，その
方法は穏やかであるべきという条件で）

3.5.　lest ~ be / should

(29)　… they should judge not, *lest they be judged* …　(41)
（自分たちが裁かれないよう（他の人々を）裁くべきでない）

(30)　… which no one desires to see used, but no one likes
to part with, *lest they should* at any time be found to
be still needed in an extraordinary emergency.　(246)
（誰もそれが使われるのを見たいと望まないが，誰も手放すこ
とは好まない。というのは，今だ非常時に必要であるかもし
れないから）

3.6.　whether ~ not

(31)　He who saves a fellow creature from drowning does

what is morally right, *whether his motive be duty or the hope of being paid for his trouble …*　　(132)

（仲間が溺れていることから助けた人は道徳的に正しいことをしている。その動機は義務的であろうと，その手間のゆえに報酬を期待するにしても）

3.7.　I would rather ~

(32)　If grown persons are to be punished for not taking proper care of themselves, *I would rather it were for their own sake, than under pretence of …*　　(80)

（もし大人が自分自身を適当に注意していないからと言って罰せられるとしたら … の口実より自分自身のためだと思うほうがよい）

4.　動詞＋補文

4.1.　avoid to V

Locke において，すでに 'avoid to V/ing' の両形が使われていたが，Mill においては 'avoid to V' が使われており，'avoiding' が定着するのはもう少しあとのようである。OED (avoid, *v.* III. †11.) には 'avoid to V' は廃語としている。1853 年からの例がある。

(33)　… and, on the other hand, with the strongest motives for seeking his favour and *avoiding to give* him offence.　　(418)

（一方，彼の贔屓を得て，怒らせることを避けようとするの最も強い動機で）

4.2.　justify＋ing

(34)　… they could not *justify punishing* a man whose will is in a thoroughly hateful state …　　　　　　　(169)

（意志が全くひどい状態にある男について罰する正当性がなかった）

4.3.　suffer＋目的語＋to-inf

OED (suffer, *v.* 14.) には "Const. acc. and inf（†*ppl., compl. phr.*）or *clause*: To allow or permit a person, animal, or inanimate thing to be or to do so-and so." とあるが，clause の例は見つからなかった。なお，OALD にはこのパターンは記載されていない。

(35)　As a ruler of mankind, he deemed it his duty not *to suffer society to fall* in pieces …　　　　　　(27)

（人類の支配者として，社会がばらばらになることを許さないことを義務だと判断した）

(36)　… even if the received opinion be not only true, but the whole truth; unless it *is suffered to be*, and actually is, vigorously and earnestly contested …　　　(52)

（受け入れられている意見が単に真理であるだけでなく，全くの真理であったとしても，活発に，かつ熱心に論争することが許されず，実際そのように論争されていなければ）

5. 複合前置詞／動詞派生前置詞

Mill においては多様な複合前置詞が多く使用されている。複合前置詞の中で最も多く現れるのは，

> in the case of
> with / in regard to
> in favour of
> for the sake of
> with / in respect of
> in addition to
> in spite of
> in danger of
> in the way of
> for the purpose of

などである。そして後述するように，少なからず文頭に使われて，名詞のトピック化の機能を担っている。以下は例である。

(37) *In the case of* this, as of our other moral sentiments, there is no necessary connection between the question of its origin, and of its binding force.　　(155)
（この場合，他の道徳的感傷についても同様に，元の問題とその拘束力の問題の間には必要な関連はない）

(38) *With regard to* the religious motive, if men believe, as most profess to do in the goodness of God ...　　(141)
（宗教的動機に関して，大半の人はそうであると告白するのだ

が，もし彼等が神の恩恵を信じるのであれば）

(39) The question of greatest moment *in regard to* modes
of voting, is that of secrecy or publicity …　　　(307)
（投票の方式に関して最も重要な問題は内密あるいは周知の問
題である）

(40) … if fewer than five, their votes must be lost, or they
might be permitted to record them *in favour of* some-
body already elected.　　　(341)
（5 より少なければ，彼等の投票は無効になるし，あるいはす
でに選ばれた人を支持して書き記すことが許されよう）

(41) I am willing, *for the sake of* argument, to concede all
this …　　　(209)
（議論のためには私は喜んでこのことすべてに譲歩するが）

(42) *With respect to* this, the same questions arise, as with
respect to the executive authorities in the State …

(364)

（この事に関して，国家の行政官についても同様に疑問が生じ
る）

(43) *In addition to* this, the Parliament has an office, not
inferior even to this in importance …　　　(246)
（このことに加えて，議会の重要性においてこれに劣らない役
所を持っている）

(44) … unless this liberty is either conceded, or asserted *in
spite of* prohibition …　　　(55)
（禁止にもかかわらず，この自由が譲歩されるか主張されなけ
ればならないなら）

(45)　… the meaning of the doctrine itself will be *in danger of* being lost, or enfeebled …　　　　　　(52)

（教義それ自身の意味がなかったり，弱体化する恐れがあるだろう）

(46)　The early difficulties *in the way of* spontaneous progress are so great …　　　　　　(13)

（自発的進歩という面での初期の困難さはとても大きいので）

(47)　… but to raise questions *for the purpose of* founding parties upon them, it would have been difficult to contrive any means better adapted to the purpose.　　(348)

（しかしこの上に党派を立ち上げるために問題を提起すると，その目的に適したどんな手段をも考え出すことはむずかしかっただろう）

動詞派生前置詞はほとんど使われていないが，その中で多いのは，'respecting' で 'concerning' は非常に少ない。

OED には 'respecting' の項目はなく，'respect (*v.* 3. b.)' 'In *pres. pple.* With reference or regard to' とある。

(48)　I have reserved for the last place a large class of questions *respecting* the limits of government interference …　　　　　　(105)

（政府干渉の限界に関する沢山の質問を最後に取って置きました）

(49)　It is true that similar confusion and uncertainty, and in some cases similar discordance, exist *respecting* the first principles of all the sciences …　　　　　　(115)

（同じような混乱そして不安，そしていくらかの場合，同様な不和があらゆる科学の最初の原則に関して存在することは本当である）

(50)　*Respecting* the mental characteristics of women; their observations are of no more worth than those of common men.　　　　　　　　　　　　　　　　　　(430)

（女性の精神的特徴に関して，彼等の観察は普通の男の観察以上に価値のあるものではない）

6.　ing

(51)　… and there is *a striving* for perpetual advancement in spiritual worth, or at least a disinterested zeal to benefit others.　　　　　　　　　　　　　　　　　(220)

（精神的な価値において，あるいは少なくとも他人に利益を与える無私の熱心さの中で永久的な進歩を求めて葛藤している）

(52)　*The mere getting rid of* the idea that …　　　　(488)

（次のような考えを単に追い払うこと）

7.　その他の特徴的用法

7.1.　whether ~ or not（⇒後述）

'whether ~ or not' のパターンのほうが多いが，'whether or not' のパターンも少数現れ始めている。

(53)　If we would know *whether or not* it is desirable that a proposition should be believed, is it possible to exclude the consideration of *whether or not* it is true?

(24)

(ある命題が信じられるのが望ましいかどうかわれわれが知りたいのなら，それが真実であるかどうかを考慮することを排除することが可能だろうか)

(54)　… and, speaking generally, it is not, in constitutional countries, to be apprehended, that the government, *whether completely responsible to the people or not,* will often attempt to control the expression of opinion …

(18-9)

(そして一般的に言えば，立憲国において，次のことは危惧することはない。すなわち，政府が国民に全く責任を取ろうと取るまいと意見を表すことを抑制しようとしばしば試みるであろう)

7.2.　at large

Mill において，ほとんどの意味は「一般（的）」である。

(55)　… there is also in the world *at large* on increasing inclination to stretch unduly the powers of society over the individual …　(16)

(また世間一般には社会の力を個人に不当にも広げようとする傾向が増している)

(56)　… and neither thinkers nor mankind *at large* seem nearer to being unanimous on the subject, than …

(115)

（思想家も人類一般もその主題に関して一致することにより近づいているとは思われない）

7.3.　judge of

OED（*v.* 16）には 1598 年 Shakespeare からの例が載っているが，OALD には載っていない。Mill においては圧倒的に 'judge of' が使われている。

(57)　… because on such questions they are only required to *judge of* their own interests …　　　　　　　　(81)

（というのはそのような質問に関して，彼らは自分自身の利益について判断することを要求されているだけなのだ）

(58)　… no one but the person himself can *judge of* the sufficiency of the motive which may prompt him to incur the risk …　　　　　　　　(93)

（自分しか危険を引き起こすかもしれない充分な動機を判断できる人はいない）

7.4.　get（+self）+past participle

Mill 以前にはなかったパターンである。

(59)　And when a Bill of many clauses does succeed in *getting itself discussed* in detail …　　　　　　　　(245)

（そして多くの条項の法案が充分議論されることに成功した時）

(60)　… they would have no more difficulty in *getting*

themselves elected to the Board … (360)

（理事会に選ばれること以上の困難はないであろう）

(61) … if they would bethink themselves that better quali-
fications for legislation exist, and may be found if
sought for, than a fluent tongue, and the faculty of
getting elected by a constituency … (244)

（雄弁や選挙区により選ばれる能力以外の法のための良い適性
が存在するかもしれないと思いつくなら，探せば見つかるか
もしれない）

7.5. look forward to ing / V

(62) … when the person acted on either is, or is *looking
forward to* becoming, a citizen as fully privileged as
any other. (223)

（どちらかに基づいて行動した人が他人と同じように充分権利
を持った市民であり，あるいはそのようになることを楽しみ
にしている時）

(63) … persons … had either already filled or were *look-
ing forward to fill* the higher offices of the state …

(252)

（国家の高位に就いているか，あるいは就くことを待っている
人々）

7.6. accustomed to V / NP

(64) People *are accustomed to believe*, and have been en-

couraged in the belief by some who aspire to the
character of philosophers …　　　　　　　　　　　(9)

（人々は信じることに慣れているし，また哲学者の名声を熱望
する人々にとって信じることを奨励されてきた）

(65)　Absolute princes, or others who *are accustomed to unlimited deference*, usually feel this complete confidence in their own opinions on nearly all subjects.

　　　　　　　　　　　　　　　　　　　　　　　(20)

（絶対君主や無限に服従されることに慣れている人々はほとん
どすべての主題に関する自分自身の意見には全くの自信を感
じるのが普通である）

‘be accustomed to’ の後に ‘-ing’ の付く例は Mill にはないよう
である。

　Poutsma (1929, Part I, Second Half: 927) は ‘be accustomed
to V’ のほうが ‘be accustomed to -ing’ より普通であると述べ
ている。Rudanko and Luodes (2005: 59) によると，‘be accustomed’ は 18 世紀には to-inf のほうが普通で，この傾向は 19 世
紀まで続いており，この頃 -ing も現れたが，まだ to-inf のほう
が優勢であった。しかし，現代英語では -ing のほうが普通であ
る。Rudanko and Luodes (ibid.) も ‘to ing’ のほうが英米共に
多いと述べている。なお，OALD は ‘-ing’ しか載せていない。

第8章　哲学者の英語（**6**）
――Bertrand Russell（**1872-1970**）

> **Key sentence:** The secret of happiness is this: let your interests be as wide as possible, and let your reactions to the things and persons that interest you be as far as possible friendly rather than hostile. (143)（幸福の秘訣はこうである：なるべく興味を広げよ，そして興味を引く物事や人に対しての反応は敵対的でなく，できるだけ友好的であるようにせよ）

　先行研究として，Smith（1971）がある。当時主流であった生成変形文法の考えを用いたもので，Russell の 'the Elements of Ethics' を分析対象にしている。そこでは後述する 'topic' について，文頭に来ることが自然であることが論じられている。

1.　挿入詞

　詳しくは秋元（2010: 141）を参照。I think (that) が圧倒的に多く，次に I believe (that)，I mean (that)，I suppose (that)，I imagine (that) の順に多い。そこで特に指摘したことは，that 節を使った例が Russell には特に顕著であるということである。以下に例を示す。

　　(1)　*I think* this is an entire delusion …　　　　　　(38)

（これは全くの思い違いだと思う）

(2)　*I think that* in general, apart from expert opinion, there is too much respect paid to the opinions of others …　　　　　　　　　　　　　　　　　　　　(124)

（一般的には，専門家の意見は別にして，他の人々の意見も充分尊重されていると思う）

(3)　… but *I believe that* in a very great many cases the parent can himself perform the work which …

(99–100)

（非常に多くの場合，親自身がその仕事ができると信じている）

(4)　… enjoyment, *I mean*, of those some more delicate kinds that are not open to wholly uncultivated people.

(53)

（全く無教養な人々には受け入れられないもっとデリケートな種類の楽しみという意味ですが）

(5)　The best example, *I suppose*, is Robert Browning. (40)

（一番良い例はロバート・ブラウニングだと思う）

(6)　… but *I imagine that* the missionary ardor of the Nationalists has since then swept it completely out of existence.　　　　　　　　　　　　　　　　　　　(54)

（国民党の伝道的熱意はその時以来それを全く消し去ったと想像する）

2. 合成述語構文

2.1. do

'do work' や 'do harm' といったコロケーションが大部分である。

(7) Great artists and great men of science *do work* which is in itself delightful … (194)

（偉大な芸術家や偉大な科学者はそれ自体が楽しい仕事をする）

(8) Whether I can help him to realize this wish, I don't know; but at any rate the attempt can *do no harm.* (30)

（望みを実現することに私が彼の手助けができるかどうか分からないが，とにかくその企ては何の害も及ぼさない）

(9) I have *done* in my time *a considerable amount of public speaking* … (71)

（私は若い頃からかなりの量の講演を行ってきた）

(10) Some people imagine that others wish to kill them, or imprison them, or *do* them *some other grave injury.*

(103)

（他の人々が人を殺そうと，あるいは投獄しようと，あるいは何か重大な害をなすことを望んでいると想像する人がいる）

2.2. give

(11) … in which continually stronger stimuli are needed to *give the thrill* that has come to be thought an essential

part of pleasure.　　　　　　　　　　　　　　　　　(61)

（絶えずより強い刺激が必要とされ，それが楽しみの不可欠な部分と考えられるようなスリルを与えることになる）

(12)　… he kneeled in the wet ground and put his face in the grass, and *gave utterance to* half-articulate cries of delight.　　　　　　　　　　　　　　　　　　　(65)

（彼は濡れた地面にひざまずいて，草むらに顔を入れて，半分明瞭な喜びの叫びを口にした）

(13)　This is a matter in which older men should be able to *give much assistance* to the young …　　　　　(122)

（これは年とった人々が若者に大いに助けを与えるべき問題だ）

(14)　… it must sooner or later die out and *give place to* some other civilization in which …　　　　　(176)

（それ（文明）はいずれ死に絶え，何らかの他の文明に道をゆずるにちがいない）

2.3.　have

(15)　… he *had the satisfaction* of seeing his former schoolfellows bowing down before him.　　　　(29)

（彼は自分のかつての学校仲間が屈服するのを見て満足だった）

(16)　Then there is the man who *has a genuine grievance*, founded upon actual fact …　　　　　　　(107)

（現実の事実に基づいて本当に不満を持っている人がいる）

(17) I have not *had the pleasure* of knowing any large
number of conchologists …   (137)
（私は残念ながら多くの貝類学者を知らない）

(18) It is right that parents…should *have a say* as to how
their children are cared for …   (186)
（両親がいかに子供の世話をするかに関して一言あっていい）

2.4. make

(19) Nevertheless I will *make the attempt*.   (42)
（それにもかかわらず私は試みるつもりだ）

(20) Industrial psychology, it is true, has *made elaborate
investigations* into fatigue …   (71)
（産業心理学は，実際，疲れを入念に調査した）

(21) But his rebuffs have *made such an impression* upon
him that …   (107)
（しかし彼の拒絶は彼にそのような印象を与えた）

(22) … in the present chapter I wish to *make a survey of*
the happy people that I have come across in the
course of my life.   (131)
（この現章では私の人生において出会った幸福な人々を概観し
たいと思う）

2.5. take

(23) And wherever psychoanalytic repression in any
marked form *takes place* …   (29)

（心理分析的な抑圧がどんな顕著な形であれ起こるところはどこでも）

(24)　… when *no action can be taken* in regard to them.

(70)

（それらに関して何らの措置も取っていない時）

(25)　… don't expect others to *take as much interest* in you as you do yourself.　(109)

（他人があなたに自分がそうであるように，関心を持ってもらうことを期待しないだろう）

(26)　A woman who nevertheless does *take the plunge* finds herself … confronted with a new and appalling problem …　(171)

（それにもかかわらず，思い切ってやった女性は新しい，ぞっとするような問題に直面していることが分かる）

3.　仮定法

Russell には多い。

3.1.　通常の仮定法

(27)　*If one were* to attempt to set up these arguments in the style of a modern philosopher they would come to something like this …　(35)

（もしこれらの議論を現代の哲学者のスタイルで始めようと試みたら，次のようなものになるだろう）

(28)　Such a man, *if he had received* more affection, would
　　　 have feared the real world less …　　　　　　　(167)
　　　（もしそのような人がもっと愛情を受ければ，現実の世界をそ
　　　れほど恐れなかったであろう）

3.2.　その他の仮定法

3.2.1.　provided (that)

OED　(provided, *ppl. a.* and quasi-*conj.*)　II. *pa. ppl.* and
quasi-*conj.*

5. With the provision or condition (that); it being provid-
　　ed, stipulated, or arranged (that): used chiefly in legal
　　and formal statements; also in general use, more loose-
　　ly: On the condition, supposition, or understanding
　　(that).

硬い文体中で，法律の文などで使われる。

　川端 (2001) では，本来の動詞 'provide' から派生したと考え，
'provided' の接続詞用法の発達を Helsinki Corpus および OED
CD-ROM 等を使って，通時的に考察したものである。ジャンル
的には，法律文書に多く見られ，文末に現れることを好むとして
いる。ただし，仮定法を従属節において取るか否かについての言
及はない。

　Russell においてはほとんど，that 節のない直説法が使われて
いるが，次例のような仮定法が使われている例もある。

(29)　The happiness which he attributes to religion he could

have attained from becoming a crossing-sweeper, *provided he were* compelled to remain one.　　　　(25)

（彼が宗教のおかげであるとする幸福は道路掃除人になっても
得られたかもしれない，やむをえずそのままだとしても）

3.2.2.　whether

whether 節の大部分は Russell においては直説法であるが，まれに仮定法の例もある。以前は仮定法のほうが多かった（前章の例参照）。

(30)　… *whether* the Queen of Shiba or our next-door neighbor *be* the cause of discontent, either is equally futile.　　　　　　　　　　　　　　　　　　(84)

（シバの女王であろうと隣の隣人であろうが，不満の原因であるか否かはどちらにせよ同様に不毛である）

3.2.3.　for fear / terror(s) ~ should

(31)　People are slow to give admiration *for fear it should* be misplaced …　　　　　　　　　　　　　　(167)

（人々は賞賛が間違って与えられるのを恐れて，賞賛をなかなか与えない）

(32)　… those are haunted by *terrors lest their children should* suffer similarly …　　　　　　　　　(51)

（彼らは子供たちが同様な被害を受けるのではないかという恐怖に悩まされている）

4.　動詞＋補文

4.1.　doubt＋whether

(33)　*I doubt whether* St. Simon Stylites would have been
　　　 wholly pleased if …　　　　　　　　　　　　　　(82)
　　　（聖者シメオンが心から喜ぶかどうか疑わしい）

(34)　*I doubt whether* a sense of sin is the best method of
　　　 arriving at a better way of life.　　　　　　　　(98-9)
　　　（罪悪感がより良い生活様式に到達する一番の方法であるかど
　　　 うか疑わしい）

5.　複合前置詞／動詞派生前置詞によるトピック化 (⇒後述)

　Akimoto (1999: 219-220) において，このパターンが 18 世紀
及び 19 世紀にかけて増えていったことを論じているが，このこ
とは前章の Mill についても言えることを論じた。この流れが
Russell の使用と関係あるかもしれない。

　よく使われる複合前置詞としては，

　　　 in / with regard to
　　　 in / with (a) view to
　　　 in relation to
　　　 by means of

(35)　*In regard to music*, if he happens to be a Jew, he may
　　　 have genuine appreciations …　　　　　　　　　(53)

（音楽に関して言えば，もしたまたまユダヤ人であれば，本当に鑑賞ができるかもしれない）

(36) *With regard to tabaco* it is easier to maintain a negative position … (93)

（タバコに関しては，否定的な立場を維持するほうが容易だ）

(37) *In view of all these troubles*, is it any wonder that the birth rate declines? (175)

（これらのすべてのトラブルを鑑みると，出生率が下がっても，何ら不思議があるだろうか）

(38) *In relation to her children*, the sacrifices that she has made in order to have them are so present to her mind that … (172)

（子供に関して言えば，生むために払う犠牲は心の中にかくも残っているので）

(39) *By means of these sins* a man spread misery in his immediate circle … (97)

（これらの罪によって，ひとは身近な範囲に不幸を広げたのである）

6. その他の特徴的用法

6.1. 挿入

　Russell の使う文においては，しばしば挿入句（節）が動詞と目的語の間に挿入されたり，条件節などもしばしば挿入される。

6.1.1. let us say, I should say など

(40) A painter, *let us say*, who has been obscure through-
out his youth, is likely to become happier if his talent
wins recognition. (51)

（たとえば，画家であるが，若い時ずっと無名であるが，もし
才能が認められれば，より幸福になりそうである）

(41) Envy is, *I should say,* one of the most universal and
deep-seated of human passions. (79)

（妬みは人類の情熱の中で最も一般的で，深く根ざしたものの
一つであると言えよう）

6.1.2. it is true

(42) Animals in captivity, *it is true*, become listless, pace
up and down, and yawn … (57)

（捕獲状態の動物は，実際，落ち着きがなくなり，上下に動い
たり，あくびをしたりする）

(43) There is, *it is true*, an idealistic theory according to
which democracy is the best form of government. (80)

（実際，理想的な理論があり，それによると，民主主義は統治
の最高の形態である）

6.1.3. if 節

(44) … the mother, *if she is not usually saintly*, will expect
from her child compensations … (186)

（母親は通常聖人らしくないので，子供に補償を期待するだろう）

(45)　… even those minor troubles which make up, *if we permit them to do so*, a very large part of life.　(213)
（これらの些細なトラブルすらも，そのままにしておくと人生の大きな部分を占めることになる）

6.2.　at large

意味においては，'as a whole, in general' である。

(46)　The decline of the birth rate in the population *at large* has reached a point which shows …　　(45)
（人口全体における出生率の低下は次のことを示す点に達した）

(47)　… it becomes bearable if it is a means of building up a reputation, whether in the world *at large* or only in one's own circle.　(190)
（名声が世間一般であろうが，自分の周りだけであろうと，名声を打ち立てる手段であれば，（そのことは）耐えられる）

6.3.　judge of

(48)　… it is therefore easier to *judge of* their merit by the income to be inferred from their standard of life.　(52)
（彼らの生活水準から推測される収入によってその長所を判断するほうが容易だ）

第 9 章　　**通時的考察**

1.　英語史における他動性 (transitivity) の方向[1]

1.1.　はじめに

　英語は総合的 (synthetic) から分析的 (analytic) へと変化して
いったことはしばしば論じられてきた (Smith (1996) 参照) が,
他動性が強まってきたか否かは英語史的にはほとんど論じてこら
れなかったようである。

　英語の歴史では他動性が強まってきた現象として, 対格 (accu-
sative) が与格 (dative) に対して優勢になっていったこと, 非人
称構文から人称構文へと変わっていったこと, 仮定法から直説法
に多くが移行していったこと, さらには that 節が to 不定詞や動
名詞に取って代わられたこと, などがあげられよう。

　本章では, 他動性が強まっていった事例として, 上述した現象

---

[1] 秋元 (2023) に加筆修正したものである。なお, 古英語に関して, 市川誠
氏にお世話になった。感謝申し上げる。

を含めて，'doubt of' > 'doubt'，'judge of' > 'judge'，'miss of' > 'miss' などのような前置詞が省略された現象，ついで that 節において仮定法から直説法に移っていく例を考察する。また 'do' と 'make' は使役の意味でかつて that 節を取っていたが，徐々に to 不定詞，ついで to なしの動詞を取るようになっていった例をとりあげる。3 番目の例として，'V + Object' 構文のイディオムを論じ，この場合は他動性は強まっていないことを論じる。

　全体として，他動性が強まっていく言語現象がある一方，他動性の強さが現れない現象もあることを収集したデータ及び主にOED のデータを基に実証していきたい。

1.2.　先行研究

　この節では上に述べた事象と多少とも他動性と関連した先行研究を概観する。他動性に関しては次節参照。

　与格（dative）及び属格（genitive）が対格（accusative）に収斂されていく過程に関しては，Allen（1995: 158-220）参照。他動性との関連で言えば，与格や属格の目的語より対格目的語のほうが他動性が高いということである。

　非人称から人称への変化は人が主語になることにより，動作主（人）の意志，行為が目的語への影響が強まっていく過程である。関連文献は多いが，全般的な記述としては，Gaaf（1904），Jespersen（1961）参照。さらに，古英語における非人称構文に関しては Traugott（1992: 208-213），中英語に関しては Fischer（1992: 235-239），初期近代英語に関しては Rissanen（1999: 249-252）などを参照。

1.3. 他動性

　一般的に言って，他動性は伝統的には他動詞 vs. 自動詞との関連で述べられ，さらに目的語によって他動詞が分類される。Jespersen（1961: 319–355）では他動詞構文の種類が詳しく記述されている。Halliday（1967a, b, 1968）も 'systemic grammar' の立場から他動性の文法的，意味論的分析を行っている。

　Dixon（2005: 286–316）は他動性に関連して，動詞の種類を前置詞との関連で，次のようなタイプにわけている：

1. 本来前置詞が必要な動詞：refer to, rely on …
2. 句動詞：put off, pass out …
3. 前置詞を挿入できる動詞：kick（at），bite（on）…

そして，次のように述べている。

> … if an ONP is not fully affected this 'lowering of transitivity may be marked by inserting a preposition before it.　　　　　　　　　　　　　　　　　　　　　　　　　　(315)

すなわち，前置詞を挿入した場合，その分他動性が弱まるということであり，本論文ではこの主張を史的データから実証しようとするものである。

　Hopper and Thompson（1980: 252）は次のような他動性の高・低のパラメターを示している。

		high	low
A.	Participants	2 or more participants, A (gent) and O (bject)	1 participant
B.	Kinesis	action	non-action
C.	Aspect	telic	atelic
D.	Punctuality	punctual	non-punctual
E.	Volitionality	volitional	non-volitional
F.	Affirmation	affirmative	negative
G.	Mode	realis	irrealis
H.	Agency	A high in potency	A low in potency
I.	Affectedness of O	O totally affected	O not affected
J.	Individuation of O	O highly individuated	O non-individuated

　本章と特に関係する項目は A，B，G，I そして J である。すなわち，「動詞＋目的語」構造を有し，動詞は行為を表す動詞で，直説法の形を取り，目的語は大きく影響を受け，その目的語は可算で，定である。

　なお，Hopper and Thompson（1980: 253）では個別化と非個別化の特性に関して以下のような対比を示しているが，後に論じるイディオムに関しては当てはまらない特性がある。

individuated	non-individuated
proper	common
human, animate	inanimate
concrete	abstract
singular	plural
count	mass
referential, definite	non-referential

他動性に関するその他の研究として，Hopper and Thompson (1982) は他動性を種々の言語に見られるとしている。Thompson and Hopper (2001) は会話のデータで他動性の強弱を調査した結果，そのジャンルにおいては他動性はきわめて低いと結論づけている。

Shibasaki (2010) は古英語から現代英語にかけて，目的語において名詞より代名詞が増加してきていることから，現代英語に向かうにつれ他動性が弱まってきていると論じている。しかし，次の2点が問題であると考えられる。一つは代名詞は Hopper and Thompson (1980) のパラメターの中で，J で 'individuation' に関して，代名詞は 'individuated' なのか 'non-individuated' に属すのか判断が困難である。二番目として，代名詞は多分談話中で使われることが多く，前の名詞を通常受ける点，情報量的には低い。その点，他動性の低さと関連するわけであるが，本来他動性とは動詞の特性との関係であり，他動性が強かろうが弱かろうが，動詞は一様に代名詞を目的語にとることができるので，動詞の他動性には直接関与していないように思われる。

Möhlig and Klages (2002) は 'detransitivization'（脱他動性）について論じている。そして次のような変化は自動詞化の方向であるとしている。

1. Co-referential intransitive use:
   Ex. John washed (himself).
2. Generic use:
   Ex. He is wise who reads.
3. Ergative use:

　　　　Ex. The door opened ⟷ Mary opened the door.

4.　Middle use:

　　　Ex. This book reads well.

　これらの方向に対しての詳細な議論は本章の目的ではない。本章は自動詞化の方向を否定するのではなく，それらの変化と同時に他動詞化の方向への事例も存在することを史的データを基に論じることである。

1.4.　事例研究

1.4.1.　前置詞の省略

1.4.1.1.　**approach to**

　OALD には載っていない。OED には，（approach, *v.* 1. b.）"with *to. arch.*" とあり，1325 年から 1860 年までの例がある。

(1)　… and seems to give it a certainty *approaching to* that of the demonstration itself.　　　　(Locke: 559)

（証明そのものに近づくような確実性を与えているように思われる）

1.4.1.2.　**believe of**

　OALD にはない。OED には，（believe, *v.* 1. c.）"Formerly with *of = on*, *in*" とある。

(2)　… but that he hath plainly stamped there, in fair characters, all men ought to know, or *believe of* him …

(Locke: 96)

（すべての人々は彼を知る，あるいは信じるべきであると，
はっきりした字体で刻印した）

1.4.1.3.　consider of

OALD には載っていない。OED には，(consider, *v.* 11.) "to
consider of: to think attentively, or carefully of; = sense 3.
(Now somewhat archaic)" とあり，1568 年から 1891 年の例が
ある。

(3)　We proceed now to that knowledge which considereth
　　　of the apetite and will of man.　　　　　(Bacon: 153)
　　　（人間の食欲と意志を考える知識のほうに今や進もう）

1.4.1.4.　count of

OALD にはない。OED には，(count, *v.* †8. a.) "To make
account of, think (much, little, lightly, etc.) *of*, care for. Obs.
とあり，1340 年から 1845-6 年の例がある。また，9. With *on*,
upon († *of*): to make the basis of one's calculations or plans;
to look for or expect with assurance: to depend ore rely on (in
reference to a possible contingency). とある。

(4)　… united in the same subject, as to signify any other
　　　combinations; yet used as a mark to stand for a sort
　　　of creatures we *count of* our own kind …

　　　　　　　　　　　　　　　　　　　　　　(Locke: 461)

　　　（同じ主体と一体となってその他の結合を意味表示するが，わ
　　　れわれがわれわれ自身の種類と数える種類の創造物を表す印

として使われて）

1.4.1.5.　determine of

OALD に記載なし。OED には，(determine, *v.* 5.) "*intr.* To come to a judicial decision; to give a decision; to decide.† const. *of* (*on*). とある。さらに，"18. *intr.* To resolve *upon*, *on* † *of* (some course of action)" とあり，'decide' から 'resolve' の意味に移っていったとの説明がある。

(5)　But in mixed modes, we are much more uncertain, it being not so easy to *determine of* several actions …

(Locke: 347)

（しかし混合様相において，われわれはもっと不安定であり，いくつかの行為を決めるのは容易ではない）

1.4.1.6.　dispute of

OALD にはない。

(6)　For whilist men talk and *dispute of* infinite space or duration …　　　　　　　　　　　　　　　(Locke: 210)

（人々が無限の空間と持続について話し，議論している間）

1.4.1.7.　doubt of

現代英語では 'doubt + O' である（OALD）。OED (doubt, *v.* † 8.† b.) には，"to doubt of = to fear for, be in fear about" として，次の例が載っている。

(7)　　1577 HANMER Anc. Eccl. Hist (1619) 38 Euery one
　　　　doubted of his owne life.

　　（誰もが自分自身の人生に疑問を感じている）

以下は例である。

(8)　　What censure, *doubting* thus *of* innate principles, may
　　　　deserve from men …　　　　　　　　　　　　　(Locke: 105)

　　　　（このように生得原理を疑うどんな非難もどれほど値するとい
　　　　うのか）

(9)　　… we are apter to *doubt of* the existence of expansion
　　　　without matter …　　　　　　　　　　　　　(Locke: 188)

　　　　（物体のない拡大の存在をさらに疑いがちである）

1.4.1.8.　judge of

現代英語では前置詞はない（OALD）。OED には，以下のよう
な説明がある。

> "To form an opinion; to arrive at a notion, esp. a sound
> or correct notion, about something; to make up one's
> mind as to the truth of a matter; in *Logic*, To apprehend
> mentally the relation of two objects; to make a mental
> assertion of statement. Const. *of*."

(10)　　… whereby we *judge of* the greatness of these sort of
　　　　quantities.　　　　　　　　　　　　　　　(Locke: 205)

　　　　（それによりわれわれはこれらの種類の性質の偉大さについて
　　　　判断する）

(11)　… because on such questions they are only required to *judge of* their own interests …　　　　　(Mill: 81)

（そのような疑問に関して，彼等は自分自身の利益について判断することを要求されるだけである）

1.4.1.9.　miss of

OALD にはない。OED には，(miss, *v.* 23.) "miss of ___. Chiefly *Obs.* or *arch.* とあり，1250 年から 1868 年まで広範囲に使われていた。

(12)　So that in these, we cannot *miss of* a certain undoubted reality.　　　　　　　　　　　　(Locke: 500)

（これらの中にわれわれは確かな，疑いはない現実を見逃すことはできない）

1.4.2.　仮定法から直説法

1.4.2.1.　insist

OED (insist, *v.* 4. b.) には，1676 年と 1883 年の仮定法の例が載っている。

(13)　We *insisted that* when we struck and saluted them, *the Frigot should* hang out either the French or English Colours　　(1678 tr. *Guillatiere's Voy. Athens* 17)　(OED)

（われわれが彼らとぶつかり，挨拶した時，フリゴット（党）はフランスかイギリスの旗を外に掲げるようわれわれは主張した）

FLOB コーパス中，'insist that' は 17 例あり，その中で仮定法が使われているのは 4 例のみである。Leech et al.（2009: 55）は直説法は書き言葉より話し言葉において仮定法がより多く使われている（直説法と仮定法の関係についての詳しい議論は千葉（2013: 223–229）を参照）。

1.4.2.2. take care that

後期近代英語初期の頃には仮定法を取っていた。

(14)　I have *taken care that the reader should have the story at large in the author's own words.*　　（Locke: 301）
（読者が作者自身の言葉でその話を詳しく読むよう気をつけた）

しかし後期になると直説法を取るようになる。

(15)　He *took particular care that Sir Henry did not make love to her*, as you have yourself observed.

（Doyle: 742）

（あなた自身観察したように，ヘンリー卿が彼女に恋しないよう特別注意した）

この変化を OED の例から調査したものが以下である。

	直説法	仮定法
1600~1650	2	2
1651~1700	3	10
1701~1750	4	7
1751~1800	5	5
1801~1850	16	3
1851~1900	11	6
1901~1950	3	0
1951~	2	0

　上表からも分かるように，1700 年中頃まで仮定法が優勢であったが，現代英語に近づくにつれて，直説法が優勢になっていったことが分かる。

　他に直説法が仮定法に取って代わっていった例として，in case や on condition that がある。以下はその例である。

(16)　… but not for compelling him, or visiting him with any evil *in case he do* otherwise.　　　　　(Mill: 13)

　　　（彼がちがったやり方をした時，彼に強制したり，害を与えたりするものではない）

(17)　… the free expression of all opinions should be permitted, *on condition that the manner be temperate.*

　　　　　　　　　　　　　　　　　　　　　　　　(Mill: 52)

　　　（意見を自由に表現するのは許すべきだ。ただし，その方法は穏やかであるべきという条件で）

1.4.3.　do / make＋that 節の消滅

　'do' も 'make' も古英語の頃は that 節を取り，使役の意味を

表していたが，徐々に that 節を取らなくなり，より直接的な構造 'do / make + object + (to) infinitive' の構造を取るようになっていった。

Hopper and Thompson（1980）では使役と他動性との関係を論じていないが，that 節を取らなくなった構造のほうが，目的語に対してより影響力を与えていることは明らかである。

'do' に関しては，'do + that' > 'do + object to infinitive' > 'do + object + verb' と変化していった。なお，この発達は 'do' の助動詞への発達とも関連があるかもしれない（Ellegård（1953）参照）。

'make' も同様に，'make + that' > 'make + object + to infinitive' > 'make + object + verb' へと変化していった。

以下はその例である。なお，OED には 'do + that' の例は載っていない。

(18)　& ic *do þæt* gyt beo manna fisceras.

　　　（and make that you two are men's fishermen）

　　　　　　　　　　　　　　　　　（*The Old English Version of the Gospels*）

(19)　He *did ðone king to understanden* þet he wolde mid alle forlæten þone ministre.　（He made the king understand that he would …）

　　　　　　　　　　　　　　　　　（*The Anglo-Saxon Chronicle*）

(20)　Was it noht suithe long þerafter þat to king send after him & *dide him gyuen up* þat abbotrice of Burch & faren at the lande …

　　　（Was it not long after that the king will send for him and made him give up that …）

(*The Anglo-Saxon Chronicle*)

'make' に関しては，OED からの例である。

(21) 3e habbað … *ʒemacod þæt* hiʒ wyllað us mid hyra
swurdum ofslean.

(you have made that he will kill us with his sword)

(c1000 LFREC Exod. v. 21)

(22) þe deuel..*makeð unbilefulle man to leuen* swilche
wiʒeles.

(The devil makes the unbelievable men to leave such
deceivers)

(c1200 *Trin. Coll. Hom*.11)

(23) Swa *makeð halic gast þe Mon bi-halden up* to houene.

(So the holy spirit makes the Mon behold up to heav-
en)

(1175 *Lamb. Hom*.159)

'make + object + to infinitive' と 'make + object + verb' は古英
語，中英語，初期近代英語期にかけて共に使われていたが，後期
近代英語期の頃から前者は使われなくなっていった。

1.4.4. イディオム

Hopper and Thompson (1980) があげた他動性に関してのパ
ラメーターの中で，'referential, definite' および 'animate vs. in-
animate' の対立に関して，イディオム形成の観点から考察する。
ここでのイディオムは 'verb + object' (V + O) パターンのもの

を対象とする。

　まず，‘V＋O’イディオム中の‘O’は「定冠詞」及び‘referential’のものが圧倒的に多いということである。*Longman Dictionary of English Idioms* (1979) から‘V＋O’イディオム 376 を選びだした結果が以下の通りである。

1.　V＋one's／someone's O　　　　168（44.6％）
2.　V＋the＋O　　　　　　　　　107（28.4％）
3.　V＋O　　　　　　　　　　　　72（19.1％）
4.　V＋a(n)＋O　　　　　　　　　29　（7.7％）

　ここからも分かるように，この種のパターンのイディオムにおける‘O’は圧倒的に‘referential, definite’である。そして‘a(n)＋O’イディオムはきわめて少ない。

　以下それぞれのパターンの例をあげる。

1. a.　chance one's arm（思い切ってやってみる）
   b.　keep one's distance（一定の距離を保つ，敬遠する）
   c.　pull someone's leg（人をからかう）
   d.　twist someone's tail（人を怒らせる）
2. a.　kick the bucket（死ぬ）
   b.　pass the buck（責任を転嫁する）
   c.　bury the hatchet（仲直りする）
3. a.　touch bottom（どん底に落ちる）
   b.　hold water（きちんと筋道が立っている）
4. a.　ring a bell（思い出させる）
   b.　make a splash（大いに注目される）

'affectedness' とは目的語に対して他動詞がどの程度影響力を及ぼすかということである。これは 'individuated vs. non-individuated' とも密接に関係する。すなわち，個別性 (individuated) が高ければ高まるほどその目的語に対して影響力が強まるということである。従って，抽象名詞よりも具体名詞のほうが，可算性名詞のほうが不可算名詞より 'affectedness' が強い。Hopper and Thompson (1980: 253) は次のような例をあげている。

(24) a. Friz drank the beer.

b. Friz drank some beer.

(25) a. I bumped into Charles.

b. I bumped into the table.

(24a) のほうが (24b) より 'affected' され，(25a) では Charles のほうに，(25b) では 'I' のほうにそれぞれ 'affected' されていると言える。

しかしながら，'V + O' イディオムに関しては，Hopper and Thompson (1980) はあてはまらないようである。前述したように，'O' が定であるものが圧倒的であり，その他，目的語に関しては，'inanimate', 'abstract', 'mass' である。すなわち，'individuated' と 'non-individuated' 双方の特性を持っている。したがって，定以外は当てはまらず，その点，'V + O' イディオムに関しては他動性が低いということになる。

Nunberg et al. (1994: 526) は次のように述べている：

> And even when the verb in an idiom ordinarily occurs with both animate and inanimate objects, its idiomatic

objects tend to denote only inanimates.

実際, *Longman Dictionary of English Idioms*（1979）において記載されているイディオムの目的語はほとんど「無生物」である。

　以上はイディオムを共時的に観察した場合であるが, 通時的に見た時, 'individuated' vs. 'non-individuated' のダイコトミーは絶対的なものではなく, その過程において変化がある。具体的には, 具体名詞が抽象名詞になったり, 可算名詞が不可算名詞になったりする場合である。次例参照。

(26) … the mind … *Loses the sight* perfectly *of* all ideas whatsoever …　　　　　　　　　　　　　　　　(Locke: 215)
　　　(心はすべての概念を完全に見失うのだ)

現代英語では 'lose sight of' である。

(27) We *take a pleasure* in viewing the picture of a friend …　　　　　　　　　　　　　　　　　　　　　　　(Hume: 37)
　　　(友達の絵を見て楽しむのである)

現代英語では 'a' はない。

1.4.5. まとめ

　本稿では, 他動性への現象として, 動詞と後に来る前置詞の省略, 仮定法から直説法への変化, 'do' と 'make' が that 節から不定詞を取るようになっていった過程, そしてその反例として, 'V＋O' イディオムを考察した。

　ここで強調しておきたいことは, 他動性への方向と同時に自動

詞化への変化もあるということである。言語の変化には一つの方向だけが観察されるわけではない。

　英語史において生じた様々な変化の中で，上述した現象がHopper and Thompson（1980）が示したパラメーター通りには必ずしも進んでいない例もあることを論じた。この研究をさらに進めるためには，マクロ的・ミクロ的双方の考察が必要であろう。

2.　談話構造の発達

2.1.　複合前置詞／動詞派生前置詞

　本書でも考察したように，複合前置詞の使用は徐々に増えていった。以下は各書に現れた複合前置詞である。多い順に記してある。

　Bacon:
　　　　in reg ard of
　　　　in respect of
　　　　by way of
　　　　by reason of
　　　　……………
　　　　touching
　　　　respecting
　　　　concerning

　Hobbes:
　　　　for／in fear of
　　　　in order to

at the point of

in the search of

....

considering

as touching

Locke:

in / by reference to

in respect of

for the sake of

in relation to

....

concerning

Hume:

with regard to

by means of

on (upon) account of

....

concerning

Mill:

in the case of

wth / in regard to

in favour of

for the sake of

in / with respect to

  in addition to

  in spite of

  in danger of

  in the way of

  for the purpose of

  ……………

  respecting

  concerning

Russell:

  in / with regard to

  in / with (a) view to

  in relation to

Russell においては，動詞派生前置詞は使われていないようである。また，Mill においては，'respecting' がよく使われている。以下に例をあげる。なるべく前章であげた例と重複しないものをあげる。

(28) … or whereby to stand upon reasonable guard and caution *in respect of* a man's self. (Bacon: 20)

  （己に関して，合理的な守備と警告の上に立って）

(29) So as in this part of knowledge, *touching* divine philosophy, I am so far from noting any deficience …

              (Bacon: 89)

  （神の哲学について，知識のこの部分において，私は不足になんら気がつかない）

(30) Nevertheless, *for fear of* Pharaoh, they durst not obey him. (Hobbes: 292)

(それにもかかわらず，ファラオを恐れて，彼らは彼に従おうとはしなかった)

(31) For *as touching* the commonwealth which then was amongst the Jews … (Hobbes: 324)

(当時ユダヤ人の間にある共同体に関して)

(32) So that *in respect of* the act of *willing*, a man in such case is not free: liberty consisting in a power to act, or not to act, which, *in regard of* volition, a man, upon such a proposal, has not.

(Locke: 229)（willing のイタリックは原文）

(意志を働かせるという行為に関して，そのような場合，人は自由ではない。自由とは行動するか，しないかの能力に存しており，それは有意に関して，人はそのような提案に自由を持たないのである)

(33) *Concerning* a man's liberty, there yet therefore is raised this further question … (Locke: 229)

(人間の自由に関して，従って，このさらなる問題が提起されることになる)

(34) *By means of* that relation alone we can go beyond the evidence of our memory and senses. (Hume: 19)

(その関係によってのみ，我々は記憶と感覚の証拠を超えることができる)

(35) Moral reasonings are either *concerning* particular or general facts. (Hume: 120)

（道徳的理由付けは個々の事実か一般的事実かに関わる）

(36) *In point of* natural justice a strong case might be made
for disregarding means altogether …　　　(Mill: 171)
（自然な公平性の点から手段を無視するという強い場合もあり
えよう）

(37) *Respecting* the mental characteristics of women; their
observations are of no more worth than those of com-
mon men.　　　　　　　　　　　　　　　(Mill: 430)
（女性の精神的特徴に関して，彼らの観察は普通の男の観察以
上に価値があるものではない）

(38) *In regard to* music, if he happens to be a Jew, he may
have genuine appreciation.　　　　　　　(Russell: 53)
（音楽に関して，もしその人がたまたまユダヤ人であるなら，
ほんとうに鑑賞できるかもしれない）

(39) *With regard to* tobacco, it is easier to maintain a nega-
tive position …　　　　　　　　　　　　(Russell: 93)
（タバコに関して，否定的立場を維持するほうが容易だ）

'in respect of' のバリエーションとして，「指示詞＋respect」
の用法があり，前文と後文を結びつける機能もある。

(40) Continuity of purpose is one of the most essential in-
gredients of happiness in the long run, and for most
men this comes chiefly through their work. *In this re-
spect* those women whose lives are occupied with
housework are much less fortunate than men, or than
women who work outside the home.　　　(Russell: 190)

（目的を持続させることは結局，幸福のもっとも不可欠な滋養の一つであるし，大半の人にとってこれは主に仕事を通してである。この点，家事に忙しい生活をしている女性は男性や家庭の外で働いている女性よりはるかに恵まれていない）

2.2.　挿入詞

挿入詞的に使われる動詞はいわゆる 'speaking verb'（Dixon (2005: 233)）で Dixon (*ibid*.: 488–489) にはその分類による動詞が示されている。その中で，'say' は 'report type' とある。この節では 'say' のバリエーションについて略述する。

2.2.1.　I say

Brinton (2008: 73–93) では，三つのバリエーション（say, I say, let's say）と六つのタイプの '(I) say' を設定している。その中で，'I say' を conjunction 的であるとして，'emotional response' を示す 'subjective use' と 'hearer's attention' を示す 'interpersonal use' に分けている。そしてその確立に関しては，前者は 18 世紀，後者は 17 世紀始めとしている (84-5)。ただし，Russell においては，'I say' は一度しか使われておらず，一番多いのは，'let us say' である。

Fukumoto (2004) は文法化の観点から Shakespeare における 'I say' を 'pragmatic marker' として分析している。Helsinki Corpus (1570–1640) 中に現れる 'I say' の頻度も示している (p. 47)。最も多く現れるジャンルは Bible で，次いで drama である。philosophy のジャンルでは 3 例とある。

(41)　… we see, *I say*, what notable service and reparation
　　　they have done to the Roman see.　　　　(Bacon: 41)
　　　（ローマ制に対して際立った奉仕と回復を彼等がしたことを分
　　　かっている）

(42)　And the like, *I say*, concerning *thinking* and *voluntary*
　　　motion …　　　　　　　(Locke: 280)（イタリックは原文）
　　　（思考することと意志的運動に関して似たようなことは）

(43)　Besides this, *I say*, the motive of blind despair can
　　　never reasonably have place in the sciences …

　　　　　　　　　　　　　　　　　　　　　　　　(Hume: 8)

　　　（これに加えて，盲目的絶望についての動機は科学において合
　　　理的には場所を持たないのである）

(44)　Except in a rude age, hereditary monarchy … far sur-
　　　passes democracy in all the forms of incapacity sup-
　　　posed to be characteristic of the last. *I say*, except in
　　　a rude age, because…　　　　　　　　　　(Mill: 251)
　　　（粗野な時代を除いて，遺伝的君主制は最後を特徴づけると考
　　　えられるあらゆる形態の無能力さにおいて民主主義をはるか
　　　に凌駕する）

(45)　… if, *I say*, such thoughts have molded your habitual
　　　feelings …　　　　　　　　　　　　　(Russell: 203)
　　　（もしそのような考えがあなたがたの習慣的感情を形作ったな
　　　ら）

(46)　I am earning, *let us say*, a salary sufficient for my
　　　needs.　　　　　　　　　　　　　　　(Russell: 84)
　　　（例えば，私は必要なだけ充分な給料を稼いだ）

2.3. 合成述語構文

「指示詞＋動詞派生名詞」は前文（しばしば動詞で使われている）を，この構造に再構成して，談話の流れを作っていく働きがある。

(47) In all these cases, we may observe, that the animal *infers* some fact beyond what immediately strikes his senses; that *this inference* is altogether founded on past experience … (Hume: 77)

（これらのすべての場合，観察できるのであるが，動物は直ちに五感に印象を与えるものを超えて推論する。この推論は全く過去の経験に基づいている）

(48) … while those to whom…should *be selected* from the body on the discretion of the chef of the office. And *this selection* will be generally be made honestly by him … (Mill: 356)

（職場の長の采配でその集団から選ばれるべきひと。そしてこの選択は彼により一般的には正直になされる）

(49) Education in cruelty and fear is bad, but no other kind can be given by those who are themselves the slaves of these passions. *These considerations* lead us to the problem of the individual. (Russell: 23)

（残酷さや恐れの中での教育は悪いが，自分自身がこれらの情熱の奴隷になっている人からは他の種類のものは与えられない。これらを斟酌すると個人の問題に至ることになる）

(49) の例では，動詞がないが，「指示詞＋動詞派生名詞」の組み

合わせが前文の内容をまとめる形で，前文と後文をつなぐ役割を果たしている。なお，種の名詞を Francis（1986）は 'anaphoric noun'（前方照応名詞）と呼んでいる。

3.　イディオム化

イディオム化の定義はいくつかあるが，ここでは "the process of finding and assigning a new meaning which cannot be deduced from the constituents"（Akimoto（1995: 588））と定義しておく。

3.1.　具体名詞から抽象名詞へ

冠詞 'the' や 'a' がかつて付いていたが，現在ではない例。

(50) This was that which *gave the first rise to* this essay concerning the understanding. 　　　　　(Locke: 58)
（これは知性に関してのエッセイを最初に生み出したものだ）［現代英語では give rise to］

(51) … we are set　afresh on work in the pursuit of happiness 　　　　　(Locke: 250)
（幸福の追求のためわれわれは改めて乗り出す）［現代英語では 'in pursuit of'］

(52) … *in the search of* other things. 　　　　　(Locke: 55)
（他のことを求めて）［現代英語では 'in search of'］

(53) … he may be ignorant of either, or all of them, who will never *take the pains* to employ his faculties …

152

(Locke: 575)

（自分の能力を使うことに努力しないものはそのどちらかあるいは全てを無視するかもしれない）［現代英語では 'take pains'］

(54)　… I may warn men not to *make an ill use of* them …

(Hume: 91)

（それらを下手に使わないよう人々に警告した）［現代英語では make ill use of］

(55)　… and shall *make both a slow and short progress* in our systems …　　　　　　　　　(Hume: 110)

（われわれの組織においてゆっくりと足りない進歩するだろう）［現代英語では 'make progress'］

(56)　… *pass a judgement on* the original tendencies of human nature …　　　　　　　　　(Mill: 472)

（人間の性質のもともとの傾向に判断をくだす）［現代英語では pass judgement on］

(57)　… to stretch unduly the powers of society over the individual, both *by the force of* opinion and by that of legislation…　　　　　　　　(Mill: 16)

（世論および法律の力によって不当にも社会の権力を個人にまで広げようと）［現代英語では 'by force of'］

(58)　… *by the mere dint of* thought and reasoning …

(Hume: 46)

（概念と理性によってのみ）［現代英語では 'by dint of'］

(59)　… which make them *take a preposterous pleasure* in the assertion of a bad principle …　　　(Mill: 31)

（悪い原則を主張することに馬鹿げた楽しみを与える）［現代
英語では 'take pleasure in'］

3.2.　lose sight of

このパターンの発達過程を示すと思われる例が，以下のように
テキストに現れている。

(60)　This was the case of a blind man I once talked with,
who *lost his sight* by the smallpox …　　　(Locke: 102)
（これは私がかつて話をした盲目の人の例で，彼は天然痘で視
力を失った）

(61)　This may be observed in those, who by some mis-
chance have *lost their sight* …　　　(Locke: 149)
（これは不運にも視力を失った人々に観察される）

(62)　… *loses the sight* perfectly *of* all ideas whatsoever …
　　　(Locke: 215)

（あらゆる概念を完全に見失う）

(63)　There is also another consideration not to be *lost sight
of.*　　　(Mill: 187)
（見失ってはならない配慮がある）

Akimoto（1999: 16-17）は，イディオム化に次の四つの段階
を設定した。

①　成分間には制約が特になく，文法的規則によってのみ配
列されている。

②　V—NP1—Prep—NP2 の配列において，V と NP1 と

の間が多少変動するが，固定し，お互いが予想し合う関係にある。

③ イディオム化が進み，再分析などのプロセスを経てその後の構造が固定化する。

④ 完全にイディオムになり，1つの語彙構造になり，意味も文字通りの意味からイディオム的意味に変わる。

先の 'lose sight of' を例にとれば，以下のような再分析のプロセスを経ることになる。

[lose] [the sight of NP]

↓

[lose] [(the) sight of NP]

↓

[lose sight of] [NP]

OED には 1533 年の例 'lose the sight of' が記載されているが，'lose sight of' は 1748 年の例がある。本テキストの中で，Locke には第 3 段階から第 4 段階への移行的例があり，一方 Mill の例（1816）では丁度再分析，このイディオムの第 4 段階の例であり，このイディオムが定着するのは 19 世紀頃であると考えられる。

4. 'do' による否定

Visser（1969: 1529）によると，このパターンは 15 世紀には頻繁に使われるようになった。

Dryden の動詞の syntax を研究した Söderlind（1958: 216）には，'do not' を使うより 'not' の単純形のほうを好む動詞として，以下のような動詞をあげており，特に単純形を好む動詞として，'know' と 'doubt' をあげている：

come, deserve, dispute, doubt, forget, hinder, know, make, mean, remember, say, see, seem, speak, take, think, understand, want, write

同時代の Locke と比較すると，Söderlind のあげている動詞の中で，単純形で使われているのは，'know' と 'doubt' 以外には，'see' だけであり，逆に Locke においてのみ使われているのは，'matter'，'mistake' および 'name' である。以下はその例である。

(64)　… yet I *see not*, how this any way proves them innate.　　　　　　　　　　　　　　　　　　（Locke: 65）

（これがそれらを生来のものであることをどのように証明するのか分からない）

(65)　But whether they answer to those constitutions, as to causes and patterns, it *matters not* …　　（Locke: 335）

（原因と文様に関して，それらがそれらの構成に一致しているかどうかは問題ではない）

(66)　For, if I *mistake not*, there are instances of both kinds, which …　　　　　　　　　　　　　（Locke: 260）

（もし間違いなければ，2 種類の例がある）

(67)　… which things, if I *name not*, I say nothing, and if I

156

> do name them, I thereby rank them into some sort, or
> other ...   (Locke: 415)

（その物を名指さなければ，何も言わないことであり，またも
し名指すなら，それらを何らかのあれこれの種類に位置づけ
ることになる）

'know' に関して，Jespersen（1917: 14）および Tien-Boon
van Ostade（1987: 128–129）はそれぞれ次のように述べている：

> ... we must here mention *know*, which now takes *do*, but
> was long used in the form *know not*, thus pretty regular-
> ly in the seventeenth and often in the eighteenth and
> even in the first part of the nineteenth century.

（ここで述べておかなければならない動詞として，'know' がある。
この動詞は今は 'do' を取るが，長い間 'know not' の形で使われ
た。したがって，17 世紀，しばしば 18 世紀，さらには 19 世紀
前半に至るまで，'know not' の形が規則的に使われた）

> ... throughout the eighteenth century there are two
> verbs, *know* and *doubt*, though *know* more than *doubt*
> (relatively speaking, the *do*-less construction with *know*
> is more frequent than with *doubt* ...) that show a clear
> resistance towards accepting the periphrastic pattern in
> informative prose.

（18 世紀を通して，二つの動詞 'know' と 'doubt'（相対的には
'know' のほうが 'doubt' より 'do-less' 構文の頻度が高いが），
'know' は教育的散文では迂言的パターンを受け入れることに抵

抗している）

　'know not' と 'do not know' の頻度割合をテキスト中に調べ
てみると，大体以下のようである。

	know not	do not know
Bacon	3	0
Hobbes	20	3
Locke	29	2
Hume	1	0
Mill	2	5

　なお，なぜ 'know' が遅くまで 'do-less' 否定で使われていた
のかについて，Tien-Boon van Ostade (1985: 154) は Ellegård
(1953: 199) において，古い形の 'wot' が 'do' を取らなかった
ことを紹介している。

　以下，例である。

(68)　… *know not* whether man's inquiry can attain unto it.

(Bacon: 96)

　　　（人間の探究がそこまで達するかどうか分からない）

(69)　For of things we *know not* at all, or believe not to be,
　　　we have no further desire, than to taste and try.

(Hobbes: 34)

　　　（われわれが全く知らないこと，あるいはそうであると信じな
　　　いことについては，われわれは味わって，試してみる以上の
　　　望みはない）

(70)　A child *knows not* that three and four are equal to

seven … (Locke: 65)

（子供は 3 ＋ 4 が 7 であるということを知らない）

(71) I *know not*, whether the reader will readily apprehend this reasoning. (Hume: 57)

（読者がこの推論をすぐさま把握するかどうか分からない）

(72) I *know not* how a representative assembly can more usefully employ itself than in talk … (Mill: 247)

（どのように代表者会議が話し合う以上に有益に費やせるか私には分からない）

'doubt' も長い間 'do' を伴わない否定形で使われていた。

(73) I *doubt not* that the same thing may be said, with the same truth of negro slaves. (Mill: 481)

（同じことが黒人奴隷について，同じ真実を持って言えることについて疑いない）

なお，FLOB Corpus（百万語）について 'doubt not' を検索したが，'do not doubt' 2 例があった。

5． whether ~ or not の文法化

5.1． はじめに

'whether'（OE hwæðer）は「… かどうか」という意味の接続詞である。古英語から中英語にかけての変遷に関しては，OED（whether, *pro. adj. conj.* (sb.)）参照。

現代英語において，'whether or not' が 'in any event, at all

events' の意味に変化していった過程をまず，本書に現れた例を見て，次いで，OED のデータを補完的に使い，全体の流れを，主として，文法化の観点から考察していく。

5.2.　本書での使用例

Bacon においては，名詞節用法と副詞節用法がほぼ同じくらい現れる。'whether ~ or' が普通であるが，名詞節用法のとき 'or' がないこともある。'whether ~ or no' というパターンも少数ある。

(74)　For Solon, when he was asked *whether he had given his citizens the best laws …*　　　　　(18)［名詞節］
（ソロモンに対して，彼が市民に最良の法律を与えたかどうか尋ねられた時）

(75)　… as a man cannot tell well *whether they were worse for a prince or for a priest.*　　　　　(194)［名詞節］
（彼らが君主にとってかあるいは司祭にとって悪いかどうかいうことができない）

(76)　The first describeth the times of militant church, *whether it be fluctuant or moveable …*　　(80)［副詞節］
（最初は好戦的な教会の時代を記述した，それが変動するのか移動するのか）

(77)　… for who can tell if a patient die or recover, or if a state be preserved or ruined, *whether it be art or accident*?　　　　　(110)［副詞節］
（患者が死ぬのか回復するのか，あるいは状態が保たれている

のか，だめになったのか，人為的なのか偶然なのか，誰が言
えようか）

Hobbes においては，名詞節用法のほうが副詞節用法より多い。

(78) … little considering *whether it be not some other mo-tion* …　　　　　　　　　　　　　　　　　　　　　(11)
（それがなんらかの他の運動かどうかほとんど考慮する必要が
ない）

(79) *Whether these laws were written, or not written*…is
not expressed in the text …　　　　　　　　　　　　(346)
（これらの法律が書かれたのかあるいは書かれなかったのか，
それはテキストには示されていない）

(80) … before he do such injury, or commit the crime,
whether it be an injury, or not …　　　　　　　　　(182)
（それが危害であろうとなかろうと，彼がそのような危害を与
えたり，犯罪を犯したりする前に）

Locke においては，ほとんどが，'whether ~ or no' パターン
であるが，次例のような句化したものが 1 例あった。

(81) But *whether or no* our ideas of mixed modes are more
liable than any sort, to be different from those of other
men … this at least is certain, that …　　　　　　(348)
（混合様相がどんな種類よりも，他の人々のそれより異なりが
ちであるかどうか，少なくともこのことは確かである）

(82) *Whether we can determine it or no,* it matters not …
　　　　　　　　　　　　　　　　　　　　　　　　　(71)

her 〜 or no, whether 〜 or not の頻度変化を示したも

her or no, whether 〜 or no, whether or not および
her 〜 or not の頻度上の変化

whether or no	whether 〜 or no	whether or not	whether 〜 or not
3	14	0	6
6	16	1	5
4	3	0	4
7	2	2	1
5	2	4	9
12	1	12	21
3	2	29	10
0	0	62	1

から以下のことが分かる。

初期の段階では，いわゆる分離タイプ 'whether 〜 or
no', 'whether 〜 or not' が多い。

'whether or no', 'whether or not' のいわゆる固定タイ
プは，1850 年以降増えてきた。

1950 年以降，'whether or not' が 'whether or no' に
取って代わった。

は OED からの例である。

How then can such men define upon other regions …
whether they were inhabited or not.

(1600 Hakluyt Voy. iii. 54 CR.)

（人が住んでいようがいまいがそのような人々が他の地域をど

（われわれがそれを決定しようがしまいが，問題でない）

(83)　… because they are in the things themselves, *whether
they are perceived or no* …　　　　　　　　　(140)

（彼らは物事自体の中にいるので，それらが知覚されるかどう
か）

Hume においては 'whether 〜 or not' のパターンが普通であ
る。

(84)　Now *whether it be so or not*, can only appear upon
examination …　　　　　　　　　　　　　　(67)

（それが存在するかどうかは調べてみれば現れる）

(85)　*Whether this reasoning of theirs be just or not,* is no
matter.　　　　　　　　　　　　　　　　　(107)

（彼らのこの理由付けが正当であるか問題ではない）

Mill では次の 1 例のみである。

(86)　… it is not, in constitutional countries, to be appre-
hended, that the government, *whether completely re-
sponsible to the people or not*, will often attempt to
control the expression of opinion …　　　　(18-9)

（立憲制の国々において，政府が国民に責任を持とうと持つま
いと，意見の表明を制御しようとすることは心配することは
ない）

Russell においては 'whether 〜 or not' が普通のようである。

(87)　It is very pleasant to have some one at hand who is

sure to praise your work, *whether it deserves it or not.*

(41)

(誰かが近くにいて，その仕事が賞賛に値しようがしまいが，確実にほめてくれることは楽しい)

(88) ... it did not matter *whether I spoke well or ill* ... (71)

(私が褒めようが，悪口を言おうが問題ではない)

5.3. 先行研究

OED のデータ[2] には次のような説明がある。

OED (6. *whether or no*), less freq. *not.*

a. as *conj. phr.* introducing a dependent interrog. clause, as in 3.

1650 The next enquiry must be, Whether or no the words of the Engagement will reasonably bear such a construction.

b. introducing a qualifying clause, as in 5.

1665 They..help to make the man good, whether or no they make his style be thought so.

c. *ellipt*, as *adv. phr.* In any case, at all events

1784 whether ther or no, this coat shall be my favourite coat.

『研究社新英和大辞典』には以下のような説明がある。

---

[2] 川端朋広氏にお世話になった。感謝申し上げる。

---

whether or not ((古 no)) '

We must stick to it wheth

(どうしてもそれを固守しなけ

現代英語に関しては，Quirk et a

歩的接続詞と呼んで，次のような例

(89) You will have to face the to or not.

(90) Whether or not he finds a

(90) の意味は「彼が仕事を見つけよ する」という意味で，これらの文は るという。

(91) Whether or not you want to publicity.

(92) Whether he finds a job or no

Poutsma (1926, Part II, Section II: によると，whether or no は whether ~ 元来，whether ~ or であったものが， 同じ頃，whether ~ or not が，whether cied improvement' として使われる whether ~ or not のほうが多く使われる

5.4. whether or no/not の発達

表 1 は OED から 1600 年以降の whet

not, whe

のである

表 1: whe

wh

1600-165

1651-170

1701-175

1751-180

1801-185

1851-190

1901-195

1951-

上の

1.

2.

3.

以下

(93

のように正確に述べることができるのか）

(94) They at the first scrupled, *whether or no* they might take up armes for their own defence against that cruell arrest. 　　　　　(1642 Collect. Rights & Priv. Parlt. 9)
（残虐な逮捕に対して守るために武器を取るべきかどうか最初 躊躇した）

(95) *Whether or no they have done well*, to set up for making another kind of Figure, Time will witness.
　　　　　　　　　　　　　　　　　(1705 Addison Italy 504)
（彼らがうまくやったかどうか，もう 1 種類の図柄を作るため 立ち上げたものだが，時間が証人になるだろう）

(96) They carry it so far, as to be negligent, *whether they offend or not.*　　　(1709 Steele Tatler No. 61 <page> 4)
（彼らは極端に事を進めて，彼らが怒ろうが怒るまいが，お構 いなしだ）

(97) I am uncertain *whether or no* to notice very shortly some of his previous … exploits.
　　　　　　　　　　　　(1813 Parr Let. To J. C. Moore 15 Oct.)
（彼の前の業績のいくつかをすぐに知らせるべきかどうか確か でなかった）

(98) Pills and words come to the same effect in the end, *whether sugared or no.* (1878 C. Gibbon For the King iii)
（口当たりがよかろうがそうでなかろうが錠剤と言葉は結局同 じ効果になる）

(99) You'll have to go on being a millionairess, *whether you will or no.*　　　(1906 L. Bell Caroli Caroline Lee 38)

（望もうと望まないとにかかわらず，君は女性の大金持ちになり続けなければならないだろう）

(100)   *Whether or not* it is necessary for the listener to imagine in his mind the scene to be represented is a moot point.　　　　　　(1924 T. H. Y. Trotter Music & Mind v. 56)

（聴者が心の中に表現された場面を想像することが必要かどうかは論争点だ）

(101)   People get themselves all steamed up about *whether they're in love or not.*　　　(1953 Amis Luck Jim xiv. 148)

（人々は恋をしているかしていないかに関してかんかんになっている）

次例は OED における 'in any case, at all events' の意味のものであるが，'whether ~ not' の例はない。

(102)   *Whether or no*, this coat shall be my favourite coat.

(1784 Unfortunate Sensibility I. 182)

（とにかくこのコートは私のお気に入りだ）

'whether or not' の発達に関しては以下のようなシナリオが考えられる。

1.   whether ~ or no : whether と no が分離している。
2.   whether or no : 分離から一つのフレーズになる。
3.   whether ~ or not : 同様に whether と not が分離している。
4.   whether or not : 分離から一つのフレーズになる。
5.   1950 年頃から 'whether or not' が 'whether or no' に

　　取って代わった。

意味的変化として，

　1.　［接続詞的に］かどうか
　2.　そうであろうとなかろうと
　3.　いずれにしても

'not' が 'no' に変わっていった理由として考えられることは 'no' は形容詞的であり，初期の段階では 'no' の後に名詞が省略されていた形のようである（cf. OED 'no'）。whether と共に no が文頭や文の終わりに移動するようなパターンに変化していく過程で副詞的 'not' が好まれるようになっていったと考えられる。

　'whether or no' が "in any event" の意味で変わっていった例を OED は 1784 年のものをあげているが，もっと早い例もあるかもしれない。'whether or not' もその頃 "in any event" の意味で使われ始めた。ただし，'whether ~ or no' や 'whether ~ or not' のように分離した状態では，文字通り，「いずれか」の意味を表していた。

5.5.　文法化 or 語彙化？

Hopper（1991）は文法化のための五つの原理をあげている：

　　i.　Layering（重層化）
　　ii.　Divergence（分岐化）
　　iii.　Specialization（特殊化）
　　iv.　Persistence（保持化）
　　v.　De-categorialization（脱範疇化）

　この中で特に，脱範疇化が関係していると思われるが，実は余りはっきりしない。‘whether’は本来条件的・譲歩的接続詞の機能を持っているが，それが独立句のようになり，同時に別の意味をも持つようになった。むしろ，話者の気持ち・感情を表すという点で，主観的句といえる（Traugott (1995) 参照）。そうであるなら，文法化への一部といえる。

　‘whether or not (no)’の変化はそれ自体，主要語の機能語への変化でないので，文法化の例とは考えにくい。この句はそのパターンが固定化している点，また全体の意味が変わっていったという点，語彙化，あるいはイディオム化と言える。

　語彙化の特徴の一つとして，より複雑な形がより単純な形に融合（fusion）することがあげられる（Brinton and Traugott (2005: 47) 参照）。そこには，形態的融合のみならず，不規則性，不透明性，さらにはイディオム化も含まれる（Brinton and Traugott (2005: 83)）。

　一方，イディオム化の特徴として，慣例化（routinization）があり，決まった形で使われ，形の上ではまとまったフレーズである。また，別の意味をも持つようになる。この別の意味を持つことは重要で，語彙化に比べて，非合成性（non-compositionality）が高い（Brinton and Traugott (2005: 54–57)）。

　語彙化とイディオム化の区別ははっきりしたものではなく，Brinton and Traugott (2005: 56) はこの関係に関する諸説を紹介している。一般的には語彙化の中にイディオム化を含めているようである。本稿で扱っている‘whether or not (no)’は語彙化の例であると同時にイディオム化した例であると言えよう。

5.6.　まとめ

　本論文では 'whether or not（no）' の歴史的変遷を主として後期近代英語期から現代にかけて見てきた。'whether ~ or not（no）' は本来的には疑問代名詞の機能が主であると考えられるが，その機能から，徐々に譲歩的接続詞の機能を持つようになり，さらに文頭や文末などに現れる副詞的機能をも持つようになり，意味も 'at all events' の意味を獲得するようになった。この変化は多分にイディオム化を含んだ語彙化の例であることを主張した。

参 考 文 献

使用テキスト

Bacon, Francis (1561-1626), *The Advancement of Learning* (1965), edited by G. W. Kitchen, Everyman's Library, New York.

Hobbes, Thomas (1588-1679), *Leviathan* (2008), edited by J. C. A. Gaskin. Oxford University Press, Oxford.

Locke, John (1632-1704), *An Essay Concerning Human Understanding* (2004), edited by Roger Woolhouse, Penguin Books, London.

Hume, David (1711-1776), *An Enquiry concerning Human Understanding* (2007), edited by Peter Millican, Oxford University Press, Oxford.

Mill, John Stuart (1806-1873), *On Liberty, Utilitarianism and Other Essays* (2008), edited by Mark Philp and Frederrick Rosen, Oxford University Press, Oxford.

Russell, Bertrand (1872-1970), *The Conquest of Happiness* (2013), edited by Daniel C. Dennett, Liveright Publishing Corporation, New York / London.

辞書・著書・論文

Aarsleff, Hans (1970) "The History of Linguistics and Professor Chomsky," *Language* 46, 570-585.

Aarts, Bas, María José López-Couso and Belén Méndez-Naya (2012) "Syntax," *English Historical Linguistics*, Vol. 1, ed. by Alexander Bergs and Laurel J. Brinton, 869-887, De Gruyter Mouton, Berlin / Boston.

Adolph, Robert (1968) *The Rise of Modern Prose Style*, MIT Press, Cambridge, MA.

Akimoto, Minoji (1989) *A Study of Verbo-Nominal Structures in English*, The Shinozaki Shorin, Tokyo.

172

Akimoto, Minoji (1995) "Grammaticalization and Idiomatization," *The Twenty-first LACUS Forum 1994*, ed. by Mava Jo Powell, 583–590, LACUS, Chapel Hill, NC.

Akimoto, Minoji (1999) "Collocations and Idioms in Late Modern English," *Collocational and Idiomatic Aspects of Composite Predicates in the History of English*, ed. by Laurel Brinton and Minoji Akimoto, 207–238, John Benjamins, Amsterdam / Philadelphia.

Akimoto, Minoji (2000) "The Grammaticalization of the Verb 'Pray'," *Pathways of Change: Grammaticalization in English*, ed. by Olga Fischer, Anette Rosenbach and Dieter Stein, 67–84, John Benjamins, Amsterdam / Philadelphia.

秋元実治（編）(2010)『Comment Clause の史的研究──その機能と発達』英潮社フェニックス，東京.

秋元実治 (2014)『増補文法化とイディオム化』ひつじ書房，東京.

秋元実治 (2017)『Sherlock Holmes の英語』開拓社，東京.

秋元実治 (2018)「Victorian Novels の文体と文法」『英語教師のための英語史』，片見彰夫・川端朋広・山本史歩子（編），186–205，開拓社，東京.

秋元実治 (2019)「John Locke における 'epistemic phrase' の機能とその影響」『コーパスからわかる言語変化・変異と言語理論2』，小川芳樹（編），132–145，開拓社，東京.

秋元実治 (2020)『探偵小説の英語──後期近代英語の観点から──』開拓社，東京.

秋元実治 (2023)「英語史における他動性（transitivity）の方向」『ことばの謎に挑む──高見健一教授に捧げる論文集──』，平田一郎・行田勇・保坂道雄・江連和章（編），8–18，開拓社，東京.

Allen, Cynthia L. (1999 [1995]) *Case Marking and Reanalysis*, Oxford University Press, Oxford.

安藤貞雄（訳）(2021)『ラッセル幸福論』岩波書店，東京.

Biber, Douglas and Edward Finegan (1989) "Drift and Evolution of English Style: A History of Three Genres," *Language* 65, 487–517.

Biber, Douglas, Stig Johansson, Geoffrey Leech, Susan Conrad and Edward Finegan (1999) *Longman Grammar of Spoken and Written English*, Longman, London.

Brinton, Laurel J. (2008) *The Comment Clause in English*, Cambridge University Press, Cambridge.

Brinton, Laurel J. (2017) *The Evolution of Pragmatic Markers in English: Pathways of Change*, Cambridge University Press, Cambridge.

Brinton, Laurel J. and Minoji Akimoto, eds. (1999) *Collocational and Idiomatic Aspects of Composite Predicates in the History of English*, John Benjamins, Amsterdam/Philadelphia.

Brinton, Laurel J. and Elizabeth C. Traugott (2005) *Lexicalization and Language Change*, Cambridge University Press, Cambridge.

Bromhead, Helen (2009) *The Reign of Truth and Faith: Epistemic Expressions in 16th and 17th Century English*, Mouton de Gruyter, Berlin/New York.

Carter, Ronald and Michael, McCarthy (2006) *Cambridge Grammar of English*, Cambridge University Press, Cambridge.

Cattell, Ray (1984) *Syntax and Semantics, Volume 17: Composite Predicates in English*, Academic Press, London.

千葉修司 (2013)『英語の仮定法』開拓社，東京.

Crawford, William J. (2009) "The Mandative Subjunctive," *One Language, Two Grammars?*, ed. by Günter Rodenburg and Julia Schlüter, 257-276, Cambridge University Press, Cambridge.

Dehé, Nicole and Yordanka Kavalova (2007) *Parentheticals*, John Benjamins, Amsterdam/Philadelphia.

Denison, David (1998) "Syntax," *The Cambridge History of the English Language*, ed. by Suzanne Romaine, 92-329, Cambridge University Press, Cambridge.

De Smet, Hendrik (2013) *Spreading Patterns*: *Diffusional Change in the English System of Complementation*, Oxford University Press, Oxford.

Dixon, R. M. W. (2005) *A Semantic Approach to English Grammar,* Oxford University Press, Oxford.

Ellegård, Alvar (1953) *The Auxiliary DO*, Almqvist & Wiksell, Stockholm.

Fischer, Olga (1992) "Syntax," *The Cambridge History of the English Language*, ed. by Norman Blake, 207-408, Cambridge University

Press, Cambridge.

Francis, Gill (1986) *Anaphoric Nouns*, University of Birmingham, Birmingham.

Fukumoto, Hiroji (2004) "*I say* as a Pragmatic Marker in Shakespeare," 『近代英語研究』第 20 号, 33–53.

福元広二 (2010)「初期近代英語における Comment Clause」『Comment Clause の史的研究——その機能と発達——』, 秋元実治 (編), 111–126, 英潮社フェニックス, 東京.

Gaaf, W. van der (1904) *The Transition from the Impersonal to the Personal Construction in Middle English*, Carl Winter's Universitatsbuchhandlung, Heidelberg.

Givón, T. and Lynne Yang (1994) "The Rise of the English GET-Passive," *Voice: Form and Function*, ed. by Barbara Fox and Paul J. Hopper, 119–149, John Benjamins, Amsterdam / Philadelphia.

Gordon, Ian A. (1966) *The Movement of English Prose*, Longman, London.

Görlach, Manfred (1991) *Introduction to Early Modern English*, Cambridge University Press, Cambridge.

Görlach, Manfred (1999) *English in Nineteenth-Century English*, Cambridge University Press, Cambridge.

Gorrell, Hendren (1895) "Indirect Discourse in Anglo-Saxon," *PMLA* 10, 342–485.

Halliday, M. A. K. (1967a) "Notes on Transitivity and Theme in English," *Journal of Linguistics* 3, 37–81

Halliday, M. A. K. (1967b) "Notes on Transitivity and Theme in English, Part 2," *Journal of Linguistics* 3, 199–244.

Halliday, M. A. K. (1968) "Notes on Transitivity and Theme in English, Part 3," *Journal of Linguistics* 4, 179–215.

Harsh, Wayne (1968) *The Subjunctive in English,* University of Alabama Press, Alabama.

服部英次郎・多田英次 (訳) (2019)『学問の進歩』岩波書店, 東京.

Hoffmann, Sebastian (2005) *Grammaticalization and English Complex Prepositions: A Corpus-Based Study*, Routledge, London.

Hopper, Paul J. (1991) "On Some Principles of Grammaticization,"

Approaches to Grammaticalization, Vol. I, ed. by Traugott, Elizabeth C. and Bernd Heine, 17–35, John Benjamins, Amsterdam / Philadelphia.

Hopper, Paul J. and Sandra A. Thompson (1980) "Transitivity in Grammar and Discourse," *Language* 56, 251–299.

Hopper, Paul J. and Sandra A. Thompson (1982) *Syntax and Semantics: Studies in Transitivity* 15, Academic Press, New York / London.

Huddleston, Rodney (1984) *Introduction to the Grammar of English*, Cambridge University Press, Cambridge.

Huddleston, Rodney and Geoffrey K. Pullum (2002) *The Cambridge Grammar of the English Language*, Cambridge University Press, Cambridge.

Hundt, Marianne (2001) "What Corpora Tell Us about the Grammaticalization of Voice in *Get*-constructions," *Studies in Language* 25, 49–88.

Iyeiri, Yoko (2010) *Verbs of Implicit Negation and Their Complements in the History of English,* John Benjamins / Yushodo Press, Amsterdam / Philadelphia.

『岩波世界人名大辞典』（2013）岩波書店，東京．

James, Francis (1986) *Semantics of the English Subjunctive*, University of British Columbia Press, Vancouver.

Jespersen, Otto (1917) *Negation in English and Other Languages*, Andr. Fred, Host & Son, Kgl, Hof-Boghandel, Copenhagen.

Jespersen, Otto (1961) *A Modern English Grammar on Historical Principles*, Vol. III, Ejnar Munksgaard. London: George Allen & Unwin LTD / Copenhagen.

神野慧一郎・中才敏郎（訳）（2018）『ヒューム人間知性研究』京都大学学術出版会，京都．

川端朋広（2001）「英語における動詞派生接続詞の発達と文法化：Provided / Providing の接続詞用法」『文法化 ── 研究と課題 ──』，秋元実治（編），97–119，英潮社，東京．

『研究社新英和大辞典』（2002），研究社，東京．

Kirchner, Gustav (1952) *Die Zehn Hauptverben des Englishen*, Halle,

176

Niemyer.

Kjellmer, Goran (2009) "The Revised Subjunctive," *One Language, Two Grammars*, ed. by Günter Rohdenburg and Julia Schlüter, 246–256, Cambridge University Press, Cambridge.

Kytö, Merja, Mats Ryden and Erik Smitterberg, eds. (2006) *Nineteenth-Century English*, Cambridge University Press, Cambridge.

Leech, Geoffrey, Marianne Hundt, Christian Mair and Nicholas Smith (2009) *Change in Contemporary English: A Grammatical Study*, Cambridge University Press, Cambridge.

Los, Bettelou (2005) *The Rise of the To-infinitive*, Oxford University Press, Oxford.

Longman Dictionary of English Idioms (1979), Longman, London.

Matsumoto, Meiko (2008) *From Simple Verbs to Periphrastic Expressions: The Historical Development of Composite Predicates, Phrasal Verbs and Related Constructions in English*, Peter Lang, Bern.

水田洋（訳）(2019)『リヴァイアサン』岩波書店，東京.

Moessner, Lilo (1994) "Early Modern English Passive Constructions," *Studies in Early Modern English*, ed. by Dieter Kastrovsky, 217–231, Mouton de Gruyter, Berlin/New York.

Möhlig, Ruth and Monika Klages (2002) "Detransitivization in the History of English from a Semantic Perspective," *English Historical Syntax and Morphology*, ed. by Teresa Fanego, María José López-Couso and Javier Pérez-Guerra, 231–254, John Benjamins, Amsterdam/Philadelphia.

Molencki, Rafal (1999) *A History of English Counterfactuals*, Wydawnictwo Uniwersytetu Slaskiego, Katowice.

Mondorf, Britta (2011) "Variation and Change in English Resultative Constructions," *Language Variation and Change* 22, 397–421.

Mustanoja, Tauno F. (1960) *A Middle English Syntax*, Part I, Société Néophilologique, Helsinki.

Nunberg Geoffrey, Ivan A. Sag and Thomas Wasow (1994) "Idioms," *Language* 70, 491–538.

大槻春彦（訳）(2015)『人間知性論』岩波書店，東京.

Övergaard, Gerd (1995) *The Mandative Subjunctive in American and British English in the 20th Century*, Uppsala University and Almqvist and Wiksell, Stockholm.

OALD = *Oxford Advanced Learner's Dictionary*, New 9th Edition (2015), Oxford/旺文社.

OED = *Oxford English Dictionary*, 2nd Edition (1989), ed. by John A. Simpson and Edmund S. C. Weiner, Clarendon Press, Oxford.

Palander-Collin, Minna (1997) "A Medieval Case of Grammaticalization, *Methinks*," *Grammaticalization at Work*, ed. by Matti Rissanen, Merja Kytö and Kirsi Heikkonen, 371-403, Mouton de Gruyter, Berlin/New York.

Peitsara, Kirsti (1997) "The Development of Reflexive Strategies in English," *Grammaticaliztion at Work*, ed. by Matti Rissanen, Merja Kytö and Kirsi Heikkonen, 277-370, Mouton de Gruyter, Berlin/New York.

Potts, Christopher (2002) "The Syntax and Semantics of *As*-parentheticals," *Natural Language and Linguistic Theory* 20, 623-689.

Poutsma, Hendrik (1926-9) *A Grammar of Late Modern English*, 5 Vols., Noordhoff, Groningen.

Quirk, Randolph, Sidney Greenbaum, Geoffrey Leech and Jan Svartvik (1985) *A Comprehensive Grammar of the English Language*, Longman, London.

Rissanen, Matti (1999) "Syntax," *The Cambridge History of the English Language*, Volume III, ed. by Roger Lass, 187-331, Cambridge University Press, Cambridge.

Rissanen, Matti (2015) "From Medieval to Modern: On the Development of the Adverbial Connective *Considering (that)*," *Developments in English: Expanding Electronic Evidence*, ed. by Irma Taavitsainen, Merja Kytö, Claudia Claridge and Jeremy Smith, 98-115, Cambridge University Press, Cambridge.

Rohdenburg, Günter (1995) "On the Replacement of Finite Complement Clauses by Infinitives in English," *English Studies* 76, 367-388.

Rohdenburg, Günter (2006) "The Role of Functional Constraints in the

Evolution of the English Complement System," *Syntax, Style and Grammatical Norms: English from 1500-2000*, ed. by Christiane Dalton-Puffer, Dieter Kastrovsky, Nikolaus Ritt and Herbert Schendl, 143–166, P. Lang, Bern.

Rohdenburg, Günter and Julia Schlüter, eds. (2009) *One Language, Two Grammars?*, Cambridge University Press, Cambridge.

Rudanko, Juhani and Lea Luodes (2005) *Complementation in British and American English*, University Press of America, Boulder.

Russell, Bertrand (2004) *History of Western Philosophy*, Routledge, London / New York.

Salmon, Vivian (1998 [1962]) "Early Seventeenth-Century Punctuation as a Guide to Sentence Structure," *A Reader in Early Modern English*, ed. by Mats Ryden, Ingrid Tieken-Boon van Ostade and Merja Kytö, 47–62, Peter Lang, Frankfurt am Main.

関口正司（訳）（2020）『自由論』岩波書店，東京．

関口正司（訳）（2021）『功利主義』岩波書店，東京．

Shibasaki, Reijirou (2010) "On the Transition of Transitivity in English," *Language Change from Old English to Late Modern English: A Festschrift for Minoji Akimoto*, ed. by Merja Kytö, John Schahill and Harumi Tanabe, 349–374, Peter Lang, Bern.

Smith, Carlota S. (1971) "Sentences in Discourse: An Analysis of a Discourse by Bertrand Russell," *Journal of Linguistics* 7, 213–235.

Smith, Jeremy (1996) *An Historical Study of English: Function, Form and Change*, Routledge, London / New York.

Söderlind, Johannes (1958) *Verb Syntax in John Dryden's Prose*, Part II, A.-B. Lundequistska Bokhandeln, Uppsala.

宗宮喜代子（2018）「現代英語に見るジョン・ロックの影響」『リベラル・アーツの挑戦』，岐阜聖徳学園大学外国語学部（編），109–145，彩流社，東京．

Thompson, Sandra A. and Paul J. Hopper (2001) "Transitivity, Clause Structure and Argument Structure: Evidence from Conversation," *Frequency and Emergence of Linguistic Structure*, ed. by Joan Bybee and Paul J. Hopper, 27–60, John Benjamins, Amsterdam / Philadelphia.

Thompson, Sandra A. and Anthony Mulac (1991) "A Quantitative Perspective on the Grammaticalization of Epistemic Parentheticals in English," *Approaches to Grammaticalization*, Volume II, ed. by Elizabeth C. Traugott and Bernd Heine, 313-329, John Benjamins, Amsterdam/Philadelphia.

Tien-Boon van Ostade, Ingrid (1987) *The Auxiliary Do in Eighteenth-Century English: A Sociohistorical-linguistic Approach*, Foris, Dordrecht.

Traugott, Elizabeth C. (1989) "On the Rise of Epistemic Meanings in English: An Example of Subjectification in Semantic Change," *Language* 65, 31-55.

Traugott. Elizabeth C. (1992) "Syntax," *The Cambridge History of the English Language*, Vol. I, ed. by Richard M. Hogg, 168-289, Cambridge University Press, Cambridge.

Traugott, Elizabeth C. (1995) "Subjectification in Grammaticalization," *Subjectivity and Subjectivisation,* ed. by Dieter Stein and Susan Wright, 31-54, Cambridge University Press, Cambridge.

Urmson, J. O. (1966 [1952]) "Parenthetical Verbs," *Essays in Conceptual Analysis*, ed. by Anthony Flew, 192-212, Macmillan, London.

Van Bogaert, Julie (2010) "A Constructional Taxonomy of *I think* and Related Expressions: Accounting for the Variability of Complement-taking Mental Predicates," *English Language and Linguistics* 14, 399-427.

Van linden, An (2012) *Modal Adjectives*, De Gruyter Mouton, Berlin/Boston.

Visser, F. Th. (1966-1973) *An Historical Syntax of the English Language*, Parts, I-III, E. J. Brill, Leiden.

Wierzbicka, Anna (1982) "Why Can You Say *have a drink* when You Can't **have an eat*," *Language* 58, 753-799.

Wierzbicka, Anna (2006) *English: Meaning and Culture*, Oxford University Press, Oxford.

Wischer, Ilse (2000)"Grammaticalization and Lexicalization: '*Methinks*' There Is Some Confusion," *Pathways of Change: Grammaticalization in English*, ed. by Olga Fischer, Anette Rosenbach and Dieter

Stein, 355-370, John Benjamins, Amsterdam/Philadelphia.

山本史歩子 (2010)「後期近代英語における Comment Clause」『Comment Clause の史的研究── その機能と発達──』, 秋元実治 (編), 127-146, 英潮社フェニックス, 東京.

山本史歩子 (2018)「後期近代英語」『英語教師のための英語史』, 片見彰夫・川端朋広・山本史歩子 (編), 162-185, 開拓社, 東京.

索　　引

1. 索引は事項と人名に分けてある。それぞれ，日本語はあいうえお順，英語は ABC 順に並べてある。
2. 数字はページ数字を表す。n は脚注を表す。

事　項

182

184

人　名

秋元　実治　（あきもと　みのじ）

東京大学大学院人文科学研究科博士課程満期退学。現在，青山学院大学名誉教授，文学博士。

　主な業績: *Idiomaticity* (Shinozaki Shorin, 1983), *Collocational and Idiomatic Aspects of Composite Predicates in the History of English* (Co-work with Laurel J. Brinton, John Benjamins, 1999), 『文法化 — 研究と課題』（編，英潮社，2001），『文法化 — 新たな展開』（共編著，英潮社，2005），『Comment Clause の史的研究 — その機能と発達 —』（編，英潮社フェニックス，2010），『文法化と構文化』（共編著，ひつじ書房，2013），『増補文法化とイディオム化』（ひつじ書房，2014），『日英語の文法化と構文化』（共編著，ひつじ書房，2015），"On the functional change of *desire* in relation to *hope* and *wish*" (*Developments in English: Expanding Electronic Evidence*, ed. by Irma Taavitsainen, Merja Kytö, Claudia Claridge and Jeremy Smith, Cambridge University Press, 2015), 『Sherlock Holmes の英語』（開拓社，2017），『探偵小説の英語 — 後期近代英語の観点から —』（開拓社，2020）など。

イギリス哲学者の英語
— 通時的研究 —　　　　　　　　　　　　　＜開拓社 言語・文化選書99＞

2023 年 5 月 27 日　第 1 版第 1 刷発行

著作者　　秋 元 実 治
発行者　　武 村 哲 司
印刷所　　日之出印刷株式会社

〒112-0013 東京都文京区音羽1-22-16
発行所　　株式会社　開 拓 社　　電話　（03）5395-7101（代表）
振替　00160-8-39587
http://www.kaitakusha.co.jp